Ensaios

Direito
Política
Religião

Ensaios

Direito
Política
Religião

Paulo Queiroz

Ensaios

Direito
Política
Religião

3ª edição | revista atualizada

2017

EDITORA
jusPODIVM
www.editorajuspodivm.com.br

EDITORA JusPODIVM

www.editorajuspodivm.com.br

Rua Mato Grosso, 164, Ed. Marfina, 1º Andar – Pituba, CEP: 41830-151 – Salvador – Bahia
Tel: (71) 3045.9051
• Contato: https://www.editorajuspodivm.com.br/sac

Copyright: Edições *Jus*PODIVM

Conselho Editorial: Eduardo Viana Portela Neves, Dirley da Cunha Jr., Leonardo de Medeiros Garcia, Fredie Didier Jr., José Henrique Mouta, José Marcelo Vigliar, Marcos Ehrhardt Júnior, Nestor Távora, Robério Nunes Filho, Roberval Rocha Ferreira Filho, Rodolfo Pamplona Filho, Rodrigo Reis Mazzei e Rogério Sanches Cunha.

Capa: Ana Caquetti

Diagramação: Isabella Giordano

Q481e   Queiroz, Paulo
      Ensaios: Direito, política e religião / Paulo Queiroz – 3.ed. – Salvador: Ed. Juspodivm, 2017.

      176 p.

      ISBN 978-85-442-1604-0.

      1. Direito. 2. Política. 3. Religião I. Queiroz, Paulo II. Título.

                                                                                                             CDD 340

Todos os direitos desta edição reservados à Edições *Jus*PODIVM.

É terminantemente proibida a reprodução total ou parcial desta obra, por qualquer meio ou processo, sem a expressa autorização do autor e da Edições *Jus*PODIVM. A violação dos direitos autorais caracteriza crime descrito na legislação em vigor, sem prejuízo das sanções civis cabíveis.

Para meus pais *(in memoriam)*.
E para você, Bia, com todo carinho.

Sumário

1	O conceito de direito	9
2	O que é o Direito?	23
3	Crítica da vontade de verdade	29
4	Direito e arte	37
5	Direito como ficção	39
6	Limites da interpretação	43
7	Leis são necessárias?	47
8	Pena, livre arbítrio e neurociência	51
9	Deus e o Direito	55
10	Tráfico de droga: artigo retirado de um jornal datado do ano 2097	59
11	Nietzsche e Jesus: dois extremos que se tocam?	63
12	A Bíblia é um livro fabuloso	67
13	Conversando com Deus	73
14	Diálogo entre um cristão e um ET	75
15	Perspectivismo	79
16	Todos têm razão	83
17	Diálogos surreais (I)	85
18	Diálogos surreais (II)	87
19	O burrico que quis ser doutor	89

20	Entrevista concedida pelo filósofo F. NIETZSCHE............91
21	Política de drogas............95
22	À espera de um milagre............99
23	Reforma do parlamento 103
24	Por que o Brasil continuará a ser um país corrupto............107
25	O anticantidato............111
26	Crise de ansiedade............113
27	Por que a polícia continuará matando pessoas inocentes.117
28	Duas palavras sobre aborto............119
29	Carta a um jovem Promotor de Justiça............121
30	Ser forte............123
31	Projeto – imaginário – de reforma política............125
32	Criminalidade do poder, polícia e impunidade............127
33	Tu és teu corpo............131
34	Proibição de analogia?............133
35	Corrupção............137
36	Crítica da prova de concurso público............139
37	Quem nos salvará do Salvador?............141
38	Se fôssemos um país sério............143
39	Colaboração premiada e moral............145
40	Normalização da crueldade............149
41	Aforismos............153
42	Aforismos nietzschianos............161

Capítulo 1

O CONCEITO DE DIREITO

"Uma 'coisa em si' tão errada quanto um 'sentido em si', uma 'significação em si'. Não há nenhum 'estado de coisas em si', contudo um sentido precisa sempre ser primeiro projetado lá dentro para que possa haver um estado de coisas. O 'o que é isso?' constitui uma postulação de sentido a partir da perspectiva de algo outro. A 'essência', a 'essencialidade' é algo perspectivístico e já pressupõe uma multiplicidade. Subjacente está sempre 'o que é isso para mim?' (para nós, para tudo o que vive etc.). Uma coisa estaria designada somente quando todos os entes tivessem perguntado e respondido ao seu 'o que é isso?'. Digamos que falte um único ente com as suas relações e perspectivas peculiares em relação a todas as coisas: e tal coisa não estaria ainda bem 'definida'. 2(149) Em suma, a essência de uma coisa também é apenas uma opinião sobre a 'coisa'. Ou melhor: o 'ela vale' é o autêntico 'isso é', o único 'isto é'". 2(150)

"Contra o positivismo que fica preso ao fenômeno 'só há fatos', eu diria: não, justamente fatos é o que não há, e sim apenas interpretações. Não podemos constatar nenhum fato 'em si': talvez seja um absurdo querer algo assim 'Tudo é subjetivo', direi vós: mas já isso é exegese, o 'sujeito' não é nada dado, porém algo inventado por acréscimo, suposto, – Será que é necessário, em última instância, colocar o intérprete ainda por trás da interpretação? Já isso é invencionice, hipótese. Na medida em que a palavra 'conhecimento' ainda tem qualquer sentido, o mundo é cognoscível: mas ele é interpretável de outro modo, ele não tem nenhum sentido subjacente, porém inúmeros sentidos, 'perspectivismo'. Nossas necessidades são aquilo que interpreta o mundo: os nossos instintos e seus prós e contras. Cada um tem a sua perspectiva que ele gostaria de impor como norma a todos os demais instintos" 7(60).

NIETZSCHE, Friedrich. Fragmentos finais. Brasília: Editora UnB, 2007.

O que a tradição nos legou com o nome de *Direito* não é uma coisa, isto é, não tem uma essência, uma substância; não existe ontologicamente, independentemente da representação que fazemos a seu respeito, porque constitui uma criação humana, que nasce e morre com o homem, ou seja, o direito não é sólido, nem líquido, nem gasoso, nem animal, nem vegetal.[1]

Com efeito, "aquilo que uma teoria do direito objetiva como *direito*", são palavras de François Ewald, "como natureza do direito, como essência do direito, não tem existência real. O Direito – demos-lhe maiúsculas – não existe. Ou antes, não existe a não ser como um nome que não reenvia a um objeto, mas serve para designar uma multiplicidade de objetos históricos possíveis – que, como realidades, não têm os mesmos atributos, e que podem mesmo ter atributos irredutíveis",[2] de sorte que, assim como não existem fenômenos morais, mas uma interpretação moral dos fenômenos,[3] tampouco existem fenômenos jurídicos, mas só uma interpretação jurídica dos fenômenos, pois nada é onticamente jurídico, lícito ou ilícito, mas socialmente construído. Em direito nada é dado; tudo é construído.

Em conclusão, o direito é o que dizemos que ele é, porque o direito, como de resto quase tudo que diz respeito ao homem, não está no fato ou na norma em si, mas na cabeça das pessoas, de modo que podemos afirmar, parafraseando o Evangelho (Lucas, 17:21), que o reino do direito está dentro de nós, e que nós o criamos e recriamos permanentemente, dando-lhe distintos significados a cada momento de sua produção segundo um dado contexto histórico-cultural. Dito

---

1. Calmon de Passos. Direito, poder, justiça e processo. Rio de Janeiro: Forense, 1999, p. 67-68.
2. Foucault, A norma e o direito. Lisboa: Vega, 1993, p. 160. De modo similar, Calmon de Passos afirma que o direito "enquanto apenas formulação teórica, enunciado normativo, proposição ou juízo, ainda não é o Direito", pois "o Direito é o que dele faz o processo de sua produção. Isso nos adverte de que nunca é algo dado, pronto, preestabelecido ou pré-produzido, cuja aplicação é possível mediante simples utilização de determinadas técnicas e instrumentos, com segura previsão das consequências", razão pela qual "O Direito, em verdade, é produzido a cada ato de sua produção, concretiza-se com sua aplicação e somente é enquanto está sendo produzido ou aplicado". Direito, poder, justiça e processo. Rio de Janeiro: Forense, 1999, p. 67-68. Não por outra razão, Oliver Wendell Holmes afirmava que o que o direito realmente faz é criar profecias sobre o que os tribunais farão de fato. Textualmente: "the propheties of what the courts will do in fact, and nothing more pretentious, are what I mean by the law", apud Arthur Kaufmann, Filosofia do direito. Lisboa: Fundação Calouste Gulbenkian, 2004.
3. Nietzsche, Friederich. Para além do bem e do mal, trad. Alex Marins. São Paulo: Martin Claret, 2002, p. 92, aforismo 108.

de outra forma: o direito e o não direito, tal qual o justo e o injusto, o pio e o ímpio, o moral e o imoral, o ético e o estético, é em nós que ele existe![4]

Daí que o direito, como o poder, não é uma coisa, mas relações/interações/interpretações/decisões, que é algo que se exerce, que se efetua, que funciona como uma máquina social que não está situada em um lugar privilegiado ou exclusivo, mas se dissemina por toda a estrutura social.[5] Constitui, por isso, uma grande simplificação supor que o Estado seja a única fonte de direito ou que o direito se esgote no direito legislado,[6] já que cada um carrega dentro de si seus microssistemas jurídicos, e os faz, ou tenta fazê-los prevalecer, nos seus espaços de interação/exercício de poder.

Dizemos, por exemplo, o direito penal, primeiro, por meio dos processos de criminalização primária que vão culminar na edição de uma lei que diga o que é e não é crime, porque assim o exige o princípio da legalidade (CF, art. 5º, XXXIX); segundo, por meio dos processos de criminalização secundária, isto é, através das ações e reações das pessoas e instituições direta ou indiretamente envolvidas com o crime (Judiciário, Ministério Público, polícia etc.).

---

4. Só assim se explica, por exemplo, que, interpretando a Constituição americana, que vigora há séculos, tenha a Suprema Corte entendido, inicialmente, que o racismo era constitucional; mais tarde (década de 1950), passou-se a considerá-lo parcialmente inconstitucional; e, finalmente, a partir da década de 1970, prevaleceu o entendimento de que o racismo é inteiramente inconstitucional. O que mudou, se o texto da lei é o mesmo desde então? A resposta é: o homem que o interpreta!
5. Roberto Machado. Por uma genealogia do poder, in Michel Foucault, Microfísica do Poder. Rio de Janeiro: Graal, 1995, p. XIV.
6. Não sem razão, Boaventura de Souza Santos refere, além do direito estatal ou territorial, o direito doméstico, o direito de proteção, o direito da comunidade e o direito sistêmico, classificação que não é exaustiva. O direito doméstico – grandemente informal – é o direito do espaço doméstico, o conjunto de regras, de padrões normativos e de mecanismos de regulação de conflitos que resulta da, e na, sedimentação das relações sociais do agregado doméstico; o direito da produção é o direito da fábrica ou da empresa, o conjunto de regulamentos e padrões normativos que organizam o quotidiano das relações do trabalhado assalariado: códigos de fábrica, regulamentos da linha de produção, códigos de condutas dos empregados etc.; o direito da comunidade, como sucede com o espaço da comunidade, é uma das fontes de direito mais complexas, na medida em que cobre situações extremamente diversas, podendo ser invocado tanto pelos grupos hegemônicos como pelos grupos oprimidos; finalmente, o direito territorial ou estatal é o direito do espaço da cidadania e, nas sociedades modernas, é o direito central na maioria das constelações de ordens jurídicas, sendo que, ao longo dos últimos duzentos anos, foi construído pelo liberalismo político e pela ciência jurídica como a única forma de direito existente na sociedade, in Crítica da razão indolente, São Paulo, Cortez, 2000, p. 290 e ss.

Assim, se não há crime (nem pena) sem lei anterior que o defina, segue-se que, por mais que uma determinada conduta humana seja moral e socialmente reprovável, se não houver lei que a declare criminosa, criminosa não é, sendo jurídico-penalmente irrelevante. É a lei, portanto, que cria o crime, é a lei que cria o criminoso. Numa palavra: só é crime o que o legislador diz que é.[7]

Mas esse discurso aí não cessa, porque prossegue por meio dos processos de definição e reação social, isto é, os processos de criminalização secundária, que nada mais são do que um *continuum* daquele. É que de um certo modo a lei nada prescreve, proíbe ou permite, pois a lei prescreve, proíbe ou permite o que dizemos que ela prescreve, proíbe ou permite, de sorte que a lei diz o que dizemos que ela diz.[8]

Aliás, e conforme assinala Umberto Eco, "um texto, uma vez separado do seu emissor (bem como da intenção do seu emissor)

---

7. Apesar disso, tem razão Niklas Luhmann quando, de uma perspectiva distinta, assinala que "o direito não se origina da pena do legislador. A decisão do legislador (e o mesmo é válido, como hoje se reconhece, para a decisão do juiz) se confronta com uma multiplicidade de projeções normativas já existentes, entre as quais ele opta com um grau maior ou menor de liberdade. Se não fosse assim, ela não seria uma decisão jurídica. Sua função, portanto, não reside na criação do direito, mas na seleção e na dignificação simbólica de normas enquanto direito vinculativo. Ele envolve um filtro processual, pelo qual todas as ideias jurídicas têm que passar para se tornarem socialmente vinculativas enquanto direito. Esses processos não geram o direito propriamente dito, mas sim sua estrutura em termos de inclusões e exclusões; aí se decide sobre a vigência ou não, mas o direito não é criado do nada. É importante ter em mente essa diferença, pois de outra forma a concepção do direito estatuído através de decisões pode ser ligada à noção totalmente errônea da onipotência de fato ou moral do legislador. É necessário, em outras palavras, diferenciar entre atribuição e causalidade. A proeminência especial do processo decisório (por instâncias legislativas ou por juízes) e sua relevância na positivação na vigência do direito não podem levar à interpretação como algo criativo ou causal; o direito resulta de estruturas sistêmicas que permitem o desenvolvimento de possibilidades e sua redução a uma decisão, consistindo na atribuição de vigência jurídica a tais decisões" Sociologia do direito, II. Rio de Janeiro: Biblioteca Tempo Universitário 80, 1985, p. 8.
8. Por isso afirma Lenio Luiz Streck que não existem julgamentos de acordo com a lei ou em desacordo com ela, porque o texto normativo não contém imediatamente a norma (Müller), a qual é construída pelo intérprete no decorrer do processo de concretização do direito, de sorte que, quando o juiz profere um julgamento considerado contrário à lei, na realidade está proferindo um julgamento contra o que a doutrina e a jurisprudência estabelecem como arbitrário. Conclui então que "é necessário ter em conta que o Direito deve ser entendido como uma prática dos homens que se expressa em um discurso que é mais que palavras, é também comportamentos, símbolos, conhecimentos, expressados (sempre) na e pela linguagem. É o que a lei manda, mas também o que os juízes interpretam, os advogados argumentam, as partes declaram, os teóricos produzem, os legisladores criticam. É, enfim, um discurso constitutivo, uma vez que designa/atribui significado a fatos e palavras", in Hermenêutica jurídica em crise. Porto Alegre: Livraria do Advogado Editora, 1999, p. 210-211.

e das circunstâncias concretas da sua emissão (e de seu referente implícito), flutua no vácuo de um espaço potencialmente infinito de interpretações possíveis. Consequentemente, texto algum pode ser interpretado segundo a utopia de um sentido autorizado fixo, original e definitivo. A linguagem sempre diz algo mais do que o seu inacessível sentido literal, o qual já se perdeu a partir do início da emissão textual".[9]

É que o sentido das coisas (fatos, provas, textos etc.) não é dado pelas próprias coisas, mas por nós, ao atribuirmos um determinado sentido num universo de possibilidades – aí incluída a falta de sentido inclusive.[10]

---

9. Os limites da interpretação. S. Paulo: Editora Perspectiva, 2000, p. XIV. Apesar disso, e conforme sugere o próprio título do texto (os limites da interpretação), Umberto Eco entende, com razão, que há limites à interpretação, de sorte que nem toda interpretação é aceitável ou válida. Vide capítulo sobre interpretação. Algo similar se lê também em Gadamer: "A compreensão não é uma transposição psíquica. O horizonte de sentido da compreensão não pode ser limitado nem pelo que o autor tinha originalmente em mente, nem pelo horizonte do destinatário a que foi escrito o texto na origem. Por conseguinte, não é a partir daí que podem ser traçados os limites de seu sentido (...). Os textos não querem ser entendidos como expressão vital da subjetividade de seu autor (...). Conceitos normativos como a opinião do autor ou a compreensão do leitor originário não representam, na realidade, mais que um lugar vazio que se preenche de compreensão, de ocasião em ocasião. Gadamer, cit., p. 575-576. E Ricoeur: "graças à escrita, o discurso se liberta da tutela de intenção do autor, das circunstâncias e da orientação voltada para o leitor primitivo, sendo que a autonomia semântica que resulta dessa tripla libertação garante uma carreira independente do texto e abre para a interpretação um campo de exercício considerável." Paul Ricoeur, in O justo e a essência da justiça, Instituto Piaget, Lisboa, 1995.

10. Arthur Schopenhauer escreveu: "O mundo é a minha representação. – Esta proposição é uma verdade para todo ser vivo e pensante, embora só no homem chegue a transformar-se em conhecimento abstrato e refletido. A partir do momento em que é capaz de o levar a este estado, pode dizer-se que nasceu nele o espírito filosófico. Possui então a inteira certeza de não conhecer nem um sol nem uma terra, mas apenas olhos que veem este sol, mãos que tocam esta terra; em uma palavra, ele sabe que o mundo que o cerca existe apenas como representação, na sua relação com um ser que percebe, que é o próprio homem. Se existe uma verdade que se possa afirmar a priori é esta, pois ela exprime o modo de toda experiência possível e imaginável, conceito muito geral que os de tempo, espaço e causalidade que o implicam. Com efeito, cada um destes conceitos, nos quais reconhecemos formas diversas do princípio da razão, apenas é aplicável a uma ordem determinada de representações; a distinção entre sujeito e objeto é, pelo contrário, o modo comum a todas, o único sob o qual se pode conceber uma representação qualquer, abstrata ou intuitiva, racional ou empírica. Nenhuma verdade é portanto mais certa, mais absoluta, mais evidente do que esta: tudo o que existe, existe para o pensamento, isto é, o universo inteiro apenas é objeto em relação a um sujeito, percepção apenas, em relação a um espírito que percebe. Em uma palavra, é pura representação. Esta lei aplica-se naturalmente a todo o presente, a todo o passado e a todo o futuro, àquilo que está longe, tal como àquilo que está perto de nós, visto que ela é verdadeira para o próprio tempo e o próprio espaço, graças aos quais

Justamente por isso, matar, roubar ou estuprar pode ser conforme o direito, inclusive, porque o que seja "matar", "roubar" ou "estuprar", e as possíveis formas de legitimação dessas ações (legítima defesa etc.) e de isenção de culpa (doença mental etc.) não estão previamente dadas, apesar de existir grande consenso sobre tais assuntos.[11] O direito é, pois, uma construção social relativamente arbitrária que, como tal, pode em tese compreender qualquer conteúdo, motivo pelo qual nada existe *a priori* que não possa ser direito. Também por isso, o direito – sobretudo o penal – pode eventualmente legitimar formas muito cruéis de violência sem que percebamos como tal.

Mais concretamente: a lei prescreve que o crime de estupro consiste em constranger alguém à prática de conjunção carnal ou outro ato libidinoso, mediante violência ou grave ameaça (CP, art. 213); parece óbvio saber em que consiste o crime, pois. No entanto, práticas sadomasoquistas podem ser consideradas criminosas? Não faz muito tempo, autores importantes afirmavam que o marido não podia responder por crime de estupro contra a esposa, porque, diziam, entre os direitos inerentes ao casamento estava o de o marido poder dela dispor sexualmente, razão pela qual não lhe era dado oferecer resistência lícita.[12] Ainda hoje, parte da doutrina entende que é possível

---

as representações particulares se distinguem umas das outras. Tudo o que o mundo encerra ou pode encerrar está nesta dependência necessária perante o sujeito, e apenas existe para o sujeito. O mundo é portanto representação". O mundo como vontade e representação. S. Paulo: Contraponto, 2004, 2ª reimpressão, p. 9.

11. Um exemplo extremo disso é a figura do agente infiltrado que nalguns países pode dispor de autorização (judicial e legal) para cometer toda sorte de crimes em nome do Estado, de modo que a lei que afaga é a mesma que apedreja. Como escreveu Pascal, "o latrocínio, o incesto, o assassinato das crianças e dos pais, tudo encontrou seu lugar entre as ações virtuosas. Pode haver algo de mais absurdo que um homem ter direito de matar-se porque mora do outro lado do rio, e seu príncipe é contendor com o meu, embora eu não tenha nada contra ele? Pensamentos sobre política. São Paulo: Martins Fontes, 1994.

12. Assim, Nélson Hungria:"questiona-se sobre se o marido pode ser, ou não, considerado réu no estupro, quando, mediante violência, constrange a esposa à prestação sexual. A solução justa é no sentido negativo. O estupro pressupõe cópula ilícita (fora do casamento). A cópula *intra matrimonium* é recíproco dever dos cônjuges (...). O marido violentador, salvo excesso inescusável, ficará isento até mesmo da pena correspondente à violência física em si mesma (excluído o crime de exercício arbitrário das próprias razões, porque a prestação corpórea não é exigível judicialmente), pois é lícita a violência necessária para o exercício regular de um direito", in Comentários ao Código Penal. Rio de Janeiro: Forense, 1959, p. 125-126. Assim também, Magalhães Noronha: "as relações sexuais são pertinentes à vida conjugal, constituindo direito e dever recíproco dos que casam. O marido tem direito à posse sexual da mulher, ao qual ela não pode se opor. Casando-se, dormindo sob o mesmo teto, aceitando a vida em comum, a mulher não se pode furtar

estupro nesse caso, mas desde que a esposa "tenha justa causa para a negativa".[13]

Não bastasse isso, o Código equipara a estupro violento o *estupro de vulnerável*, isto é, praticado contra menores de catorze anos (CP, art. 217A)[14] ou contra pessoa que padeça de deficiência mental etc., o que significa dizer que muitos namoros poderão ser interpretados como autênticos estupros, ainda quando se passem entre menores ou entre pessoas também portadoras de alguma deficiência mental. Finalmente, o que significa ou pode significar *constranger*?

Consideremos outro exemplo. A Constituição veda, expressamente, as penas de morte e cruéis (CF, art. 5º, XLVII).[15] Mas o que vem a ser pena de morte ou pena cruel? A resposta não é tão óbvia como parece.

É evidente que haverá pena de morte sempre que um juiz ou um tribunal proclamar a culpa de um réu e condená-lo à pena capital, seja com um tiro de fuzil, seja por enforcamento, seja por qualquer outro meio. A pena de morte é, enfim, um homicídio levado a cabo pelo Estado, legalmente. Mas veja: o art. 303, § 2º, da Lei nº 7.565, de 19 de dezembro de 1986 (Código Brasileiro de Aeronáutica), alterada pela Lei nº 9.614/98, bem assim o Decreto nº 5.144, de 16 de julho de 2004, que o regulamentou, previu a destruição de aeronaves "hostis ou suspeitas de tráfico de substâncias entorpecentes e drogas afins". Pergunta-se: não seria isso pena de morte/cruel por juízo de exceção, constitucionalmente vedada?

---

ao congresso sexual, cujo fim mais nobre é o da perpetuação da espécie. A violência por parte do marido não constituiria, em princípio, crime de estupro, desde que a razão da esposa para não aceder à união sexual seja mero capricho ou fútil motivo, podendo, todavia, ele responder por excesso cometido". Direito penal, v. 3. São Paulo: Saraiva, 27. ed., 2003.

13. Damásio de Jesus. Direito Penal. Parte Especial, 3º volume, p. 96. São Paulo: Saraiva, 2002. Paulo José da Costa Júnior até recentemente defendia que mulher casada não pode ser vítima de estupro praticado pelo marido. Curso de Direito Penal. São Paulo: Saraiva, 2008.

14. Diz o referido artigo que incorre na pena de 8 a 15 anos de reclusão aquele que mantiver relações sexuais com menor de 14 anos (caput) ou praticar as ações descritas no caput com alguém que, por enfermidade ou deficiência mental, não tem o necessário discernimento para a prática do ato, ou que, por qualquer outra causa, não pode oferecer resistência (§ 1º).

15. Dispõe o artigo: "não haverá penas: a) de morte, salvo no caso de guerra declarada, nos termos do art. 84, XIX; e) cruéis".

Pois bem, apreciando petição que arguia a inconstitucionalidade (não recepção) da aludida legislação, o Procurador-geral da República, contrariamente, assinalou que "a medida de destruição não guarda relação com a pena de morte. Aliás, sequer pode ser considerada uma penalidade, porquanto não se busca, com sua aplicação, a expiação por crime cometido. Em realidade constitui, essencialmente, medida de segurança, extrema e excepcional, que só reclama aplicação na hipótese de ineficácia das medidas coercitivas precedentes. É importante frisar que tal medida tem por objeto a preservação da segurança nacional e a defesa do espaço aéreo brasileiro".[16]

Esse exemplo também demonstra, claramente, que o direito é uma dimensão do poder, afinal diz o direito quem tem atribuição (poder) para tanto, inclusive porque é o poder que dá nome, sentido e limite às coisas, motivo pelo qual só é direito o que o poder reconhece como tal.[17] E tem razão Pierre Bourdieu quando afirma que "o que faz o poder das palavras e das palavras de ordem, poder de manter a ordem ou de a subverter, é a crença na legitimidade das palavras e daquele que as pronuncia, crença cuja produção não é da competência das palavras".[18]

---

16. Processo PGR 1.00.000.000836/2005-71, pronunciamento subscrito por Cláudio Lemos Fonteles, então Procurador-Geral da República, datado de 14-3-2005. Na representação formulada (também por mim subscrita), os autores sustentaram a violação dos seguintes princípios: a) inviolabilidade da vida (art. 5º, caput); b) proibição da pena de morte em tempo de paz (art. 5º, XLVII, a); c) presunção de inocência (art. 5º, LVII); d) proibição de juízo ou tribunal de exceção (art. 5º, XXXVII); e) devido processo legal (art. 5º); f) prevalência dos direitos humanos (art. 4º, II); g) defesa da paz (art. 4º, VI); h) solução pacífica dos conflitos (art. 4º, VII); i) repúdio ao terrorismo (art. 4º, VII); j) legalidade; l) proporcionalidade; e m) inviolabilidade da propriedade (art. 5º, caput).
17. Nietzsche observou: "Assim nascem os direitos: graus de poder reconhecidos e assegurados. Se as relações de poder mudam substancialmente, direitos desaparecem e surgem outros – é o que mostra o direito dos povos, em seu constante desaparecer e surgir. Se nosso poder diminui substancialmente, modifica-se o sentimento daqueles que vêm assegurando o nosso direito: eles calculam se podem nos restabelecer a antiga posse plena – sentindo-se incapazes disso, passam a negar nossos "direitos" (...). Onde o direito predomina, um certo estado e grau de poder é mantido, uma diminuição ou um aumento é rechaçado. O direito dos outros é a concessão, feita por nosso sentimento de poder, ao sentimento de poder desses outros. Quando o nosso poder mostra-se abalado e quebrantado cessam os nossos direitos: e, quando nos tornamos muito mais poderosos, cessam os direitos dos outros sobre nós, tal como os havíamos reconhecido a eles até então." NIETZSCHE, Frederich. Aurora. Reflexões sobre os preconceitos morais. 1ª reimpressão. São Paulo: Companhia das Letras, 2004, p. 83.
18. Pierre Bourdieu. O poder simbólico. Rio: Bertrand Brasil, 1998, p. 15.

Aliás, a própria pena privativa da liberdade, que em geral consiste no encarceramento do sujeito por anos a fio num ambiente antinatural (artificial), em espaço físico minúsculo, superlotado, sem salubridade, privado quase que integralmente de contato com o mundo exterior, não seria ela mesma pena cruel? Não seriam as medidas de segurança uma forma disfarçada de sequestro por tempo indeterminado? E que dizer de certas formas de "sacrifício" (*v. g.*, de gêmeos ou deficientes físicos e mentais) e rituais de antropofagia ainda praticados por algumas tribos brasileiras?

Ademais, nenhum comportamento é criminoso em si mesmo, tudo dependendo das reações que desencadeia ou não desencadeia. Assim, se um pai sabe que seu filho lhe subtraiu valores, provavelmente não tomará isso como um fato criminoso, isto é, furto, por isso não procurará a polícia, não fará funcionar a máquina estatal; tudo não passará de um problema de família e resolvido em família.[19] O próprio Código Penal (art. 181, II) prevê isenção de pena sempre que o crime for praticado contra ascendente ou descendente.

E certamente reações diversas teriam lugar se, ao invés de um filho, fosse autora do fato a empregada doméstica ou um estranho. De modo similar, o tráfico pressupõe que a droga seja ilícita, as quais são assim definidas pelo Ministério da Saúde um tanto arbitrariamente, dentro de um universo (vastíssimo) de drogas capazes de produzir dependência física ou psíquica, estando excluídos, por exemplo, álcool, tabaco etc. Mais: o assédio sexual (CP, art. 216-A), embora praticável (em tese) por qualquer pessoa, é um típico crime

---

19. Um caso real bem ilustra isso: A foi flagrada por abusar sexualmente de sua filha (B), de dois anos, e por isso foi presa, processada e condenada a 7 anos e 6 meses de reclusão por crime de atentado violento ao pudor (CP, art. 214, agora revogado), crime hediondo (Lei nº 8.072/90). O exame criminológico assim a diagnosticou: "personalidade primitiva, com nível mental baixo e consequente imaturidade intelectual e afetiva, que motivam os comportamentos regressivos que emite e que demonstram a dificuldade de adaptação ao meio social. Evidencia baixo nível de tolerância às frustrações, às quais reage com atitudes oposicionistas e agressivas, manifestadas através de descargas emocionais intensas, que refletem a dificuldade de controle sobre os impulsos. Em consequência, o processo de inter-relação social torna-se difícil, sobretudo quando adota atitudes de supervalorização de si mesma como uma forma de compensar o sentimento de inferioridade que procura dissimular." Ora, tivesse essa história se passado numa família de classe média ou alta, outro seria o desfecho: certamente, a família submeteria A a tratamento psicológico/psiquiátrico, a sessões de análise ou semelhante, e, no máximo, tiraria dela, provisória ou definitivamente, a guarda da criança (B). Assim, não haveria polícia, nem crime, nem pena, nem prisão; tudo não passaria de um "problema de família" e resolvido em família.

masculino (só praticável por homem e não por mulher), pois é muito raro um homem interpretar o assédio feminino como algo ofensivo ou criminoso.[20]

Convém repetir, portanto: o que chamados direito são relações, interações, interpretações, decisões de poder. O direito é um momento da experiência do homem no mundo.[21]

Exatamente por isso, não se pode determinar *a priori* o que é o direito, quais são as práticas que assim devem ser qualificadas; porque isso depende daquilo que é refletido como direito no quadro de determinadas experiências jurídicas.[22]

Logo, o direito não é só o que o legislador diz que é; é também o que os juízes dizem que é, a partir e segundo múltiplos discursos de atores sociais múltiplos;[23] é, pois, um discurso, uma prática (social) discursiva,[24] socialmente construída, variável no tempo e no espaço,

---

20. Becker escreveu:"os grupos sociais criam desvio ao fazer as regras cuja infração constitui desvio e ao aplicar essas regras a pessoas particulares e rotulá-las como outsiders. Desse ponto de vista, o desvio não é uma qualidade do ato que a pessoa comete, mas uma consequência da aplicação por outras de regras e sanções a um infrator. O desviante é alguém a quem esse rótulo foi aplicado com sucesso. O comportamento desviante é aquele que as pessoas rotulam como tal. (...) Se um ato é ou não desviante depende, portanto, de como outras pessoas reagem a ele (...). O grau em que um ato será tratado como desviante depende também de quem o comete e de quem se sente prejudicado por ele. (...) Desvio não é uma qualidade que reside no próprio comportamento, mas na interação entre a pessoa que comete um ato e aqueles que reagem a ele." Howard S. Becker. Outsiders. Estudos de sociologia do desvio. Rio de Janeiro: Jorge Zahar, 2008, p. 21 e ss.
21. Gadamer. Verdade e Método, cit., p. 31. Nietzsche escreveu: "todo conhecimento humano é ou experiência ou matemática". Nietzsche. Aforismo 530. Vontade de Poder. Rio: Contraponto, 2008, p. 279.
22. François Ewald, Foucault, a norma e o direito, cit., p. 161.
23. Por essas e outras razões, Rosa Maria Cardoso da Cunha atribui ao princípio da legalidade um caráter puramente retórico, pois não cumpre as funções que lhe são cometidas pela dogmática; antes, desempenha uma função retórica que orienta a interpretação, a aplicação e a argumentação referida à lei penal. Textualmente: "o princípio da legalidade dos delitos e das penas não constitui uma garantia essencial do cidadão em face do poder punitivo do Estado. Não determina precisamente a esfera da ilicitude penal e, diversamente do que afirma a doutrina, não assegura a irretroatividade da lei penal que prejudica os direitos do acusado. Tampouco estabelece a lei escrita como única fonte de incriminação e penas, impede o emprego da analogia em relação às normas incriminadoras ou, ainda, evita a criação de normas penais postas em linguagem vaga e indeterminada." O caráter retórico do princípio da legalidade. Porto Alegre: Síntese, 1979, p. 17 e 128.
24. No sentido do texto, Carlos Maria Cárcova escreve que "frente aos tradicionais reducionismos da teoria jurídica (normativismo/facticismo) sustentamos a tese de que o direito deveria ser entendido como discurso, com o significado que os linguistas atribuem a essa expressão, isto é, como processo social de criação de sentido – como uma prática social

mais ou menos previsível e, no caso penal (mas não só nele), arbitrariamente seletiva, porque o sistema penal recruta sua clientela quase sempre entre os grupos mais vulneráveis da população, notadamente autores de crimes patrimoniais (roubo etc.), típica criminalidade de rua, própria de sujeitos socialmente excluídos. "La ley es como las serpientes; solo pica a los descalzos."[25]

Por isso que o direito não é apenas o que as normas dizem, mas também, e principalmente, o que dizemos que as normas dizem; não é só o dever-ser, mas o ser. Arthur Kaufmann tem razão, portanto, quando assinala que "só quando a norma e situação de vida, dever e ser, são postos em relação, em correspondência um com o outro, surge o direito real: o direito é a correspondência entre o dever e o ser. O direito é uma correspondência, não tem um caráter substancial, mas sim relacional, o direito no seu todo não é o complexo de artigos da lei, um conjunto de normas, mas sim um conjunto de relações".[26]

Assim, supor que a lei é o próprio direito seria confundir o mapa com o território, o cardápio com a refeição;[27] seria confundir, enfim, discurso e realidade, teoria e práxis, dever ser e ser, mesmo porque o direito constitui uma ideia, um conceito, que reenvia a outros tantos conceitos, que, à semelhança de compartimentos vazios, tem seus conteúdos preenchidos mais ou menos arbitrariamente pelas pessoas e autoridades que participam da sua construção social.[28]

---

discursiva que é mais do que palavras –, que é, também, comportamentos, símbolos, conhecimentos; que é, ao mesmo tempo, o que a lei manda, os juízes interpretam, os advogados argumentam, os litigantes declaram, os teóricos produzem, os legisladores sancionam ou os doutrinários criticam e sobretudo o que, ao nível dos súditos, opera como sistema de representações". Direito, Política e Magistratura. S. Paulo: LTr, 1996, p. 174.

25. A frase procede, ao parecer, de Oscar Romero.
26. Filosofia do direito. Lisboa: Fundação Calouste Gulbenkian, 2004, p. 219. Del Vecchio dizia, no entanto, a partir de postulados kantianos, que a noção universal do direito é anterior à experiência jurídica, aos fenômenos jurídicos singulares, sendo a experiência apenas a aplicação ou verificação daquela forma. Assim, "uma proposição só é jurídica na medida em que participar da forma lógica (universal) do Direito. Fora desta forma, indiferente ao conteúdo, nenhuma experiência jurídica é possível. Sem ela, falta a qualidade que permite adscrevê-la a esta espécie de experiência. A forma lógica do Direito é um dado a priori – ou seja, não empírico – e constitui, precisamente, a condição da experiência jurídica em geral", in Lições de filosofia do direito, Coimbra, 1979, p. 344-345.
27. A expressão é de Louk Hulsman.
28. Não sem razão, Kelsen dizia, de uma perspectiva distinta, que "todo e qualquer conteúdo pode ser Direito. Não há qualquer conduta humana que, como tal, por força do seu conteúdo, esteja excluída de ser conteúdo de uma norma jurídica". Teoria Pura do Direito. S. Paulo: Martins Fontes, 2003, p. 221.

Por isso, disse Nietzsche que, se houvesse uma escola para legisladores, seria importante ensinar que palavras como lei, direito, dever, propriedade e crime constituem em si mesmas uma abstração sem valor e à espera de conteúdo, cor e significado de acordo com as circunstâncias particulares que as incrementam.[29]

Naturalmente que, mesmo no âmbito jurídico-penal, ramo do direito em que a dogmática parece ter atingido maior nível de sofisticação, o recurso às categorias da tipicidade, ilicitude e culpabilidade não é capaz de desmentir o que se vem afirmar. É que, se sob o aspecto material o delito não existe, segue-se logicamente que também o seu conceito formal-analítico – crime como fato típico, ilícito e culpável – é socialmente construído, de sorte que uma dada conduta será criminosa somente quando dissermos (aceitarmos) que é, uma vez que tais categorias remetem a conceitos os mais variados: dolo, culpa, significância/insignificância, causalidade, legítima/ilegítima defesa, estado de necessidade/desnecessidade, coação física/moral/resistível/irresistível, obediência hierárquica, erro de proibição vencível/invencível, embriaguez voluntária/involuntária etc., os quais reenviam, por sua vez, a uma infinidade de conceitos outros, como vida, honra, patrimônio, agressão justa/injusta, intenção, previsão, consciência/inconsciência, boa/má-fé, prova lícita/ilícita, exigível/inexigível, valores, princípios etc.

Não bastasse isso, o manuseio de tais conceitos se faz por vezes de modo francamente arbitrário, como acontece, por exemplo, nos julgamentos pelo tribunal do júri, formado que é por leigos.

Daí dizer Castanheira Neves que "o direito é linguagem, e terá de ser considerado em tudo e por tudo como uma linguagem. O que quer que seja e como quer que seja, o que quer que ele se proponha e como quer que nos toque, o direito é-o numa linguagem e como linguagem – propõe-se sê-lo numa linguagem (nas significações

---

29. In A minha irmã e eu. Editora Moraes: S. Paulo, 1992, p. 42-43. Não surpreende, por isso, que todos, sem exceção, e até mesmo organizações criminosas recorram, invariavelmente, à justiça, à liberdade, à paz etc., e não o contrário, a exemplo do assim chamado Primeiro Comando da Capital (PCC), cujo estatuto adota como princípios: "1. Lealdade, respeito e solidariedade acima de tudo ao Partido. 2. A luta pela liberdade, justiça e paz. 3. A união da luta contra as injustiças e a opressão dentro das prisões." Diz ainda (9) que "o partido não admite mentiras, traição, inveja, cobiça, calúnia, egoísmo, interesse pessoal, mas, sim, a verdade, a fidelidade, a hombridade, a solidariedade e o interesse como o bem de todos, porque somos um por todos e todos por um".

linguísticas em que se constitui e exprime) e atinge-nos através dessa linguagem, que é".[30] De modo semelhante, Calmon de Passos ensinou: "Direito é uma palavra que não se refere a nenhum objeto material, algo suscetível de sensação ou percepção pelo homem, isto é, que ele possa ver, ouvir, aspirar, degustar ou tocar. Direito, portanto, é sentido e significação que o homem empresta ao seu agir e interagir, por conseguinte, enquanto sentido e significação, linguagem. Linguagem que objetiva definir ou determinar o que é *lícito ou ilícito, proibido, devido ou facultado*. Direito só se materializa, destarte, como linguagem."[31]

No particular, Gadamer tem razão, portanto: "o ser que pode ser compreendido é linguagem".[32]

Finalmente, Nietzsche escreveu: "minha sentença principal: não há nenhum fenômeno moral, mas, antes, apenas uma interpretação moral desses fenômenos. Essa interpretação é, ela própria, de origem extramoral".[33] E cabe parafraseá-lo: minha sentença principal: não há nenhum fenômeno jurídico – nem jurídico-penal –, mas, antes, uma interpretação jurídica – e jurídico-penal – desses fenômenos. Essa interpretação é, ela própria, de origem extrajurídica.

Consequentemente, não existem fenômenos criminosos (nem típicos, antijurídicos ou culpáveis), mas uma interpretação criminalizante dos fenômenos; e, portanto, uma interpretação tipificante, antijuridicizante e culpabilizante dos fenômenos.

A interpretação é, pois, o ser do direito; e o ser do direito é um devir.

---

30. Metodologia jurídica. Coimbra: Coimbra Editora, 1993, p. 90.
31. Comentários ao Código de Processo Civil, vol. III. Rio de Janeiro, 2005, 9. ed., p. 1.
32. Verdade e método. Petrópolis: Vozes, 1999, p. 687.
33. A vontade de poder, cit., p. 153.

Capítulo 2

O QUE É O DIREITO?

Em primeiro lugar, o direito é um conceito, tal qual justiça, moral, ética ou estética. E como conceito, remete necessariamente a outros conceitos: lei, ordem, segurança, liberdade, bem jurídico etc., que também reenviam a outros tantos, motivo pelo qual só se pode obter um conceito de direito por meio de remissões, associações.[1]

Em segundo lugar, o mais elaborado ou prestigiado conceito de direito é apenas um entre vários conceitos possíveis, de sorte que traduz em última análise o ponto de vista de seu autor ou de quem o adota, afinal outros tantos conceitos, mais ou menos exatos, mais ou menos amplos, são igualmente possíveis.[2] Também por isso, um conceito constitui uma apreensão sempre parcial do mundo num universo de possibilidades; um conceito é uma simplificação, uma redução.[3]

---

1. Cada conceito remete a outros conceitos, não somente em sua história, mas em seu devir ou suas conexões presentes. Cada conceito tem componentes que podem ser, por sua vez, tomados como conceitos (...). Os conceitos vão, pois, ao infinito e, sendo criados, não são jamais criados do nada. Giles Deleuze e Félix Guattari. O que é filosofia? S. Paulo: Editora 34, 2005.
2. Eis alguns conceitos: "o direito é, pois, o conjunto de condições sob as quais o arbítrio de um se pode harmonizar com o arbítrio do outro, segundo uma lei universal da liberdade" (Kant, Metafísica dos costumes, parte I. Lisboa: Edições 70, p. 36); "o domínio do direito é o espírito em geral; aí, a sua base própria, o seu ponto de partida está na vontade livre, de tal modo que a liberdade constitui a sua substância e o seu destino e que o sistema do direito é o império da liberdade realizada, o mundo do espírito produzido como uma segunda natureza a partir de si mesmo" (Hegel, Princípios de filosofia do direito, trad. Orlando Vitorino. São Paulo, Martins Fontes, 1997, p. 12); "Direito é a ordenação heterônoma, coercível e bilateral atributiva das relações de convivência, segundo uma integração normativa de fatos segundo valores" (Miguel Reale, Lições preliminares de direito. São Paulo, Saraiva, 2005, p. 67).
3. Na Física a situação não é diversa, porque, de acordo com Fritjof Capra, "a Física moderna confirmou, de forma dramática, uma das ideias básicas do misticismo oriental: a de que todos os conceitos que utilizamos para descrever a natureza são limitados, e não são

Em terceiro lugar, todo conceito, como representação (formal) do pensamento, pouco ou nada diz sobre o seu conteúdo, isto é, pouco ou nada diz sobre as múltiplas formas que ele pode histórica e concretamente assumir, até porque, embora pretenda valer para o futuro, é pensado a partir de uma experiência passada, a revelar que definir algo é de certo modo legislar sobre o desconhecido.[4] Também por isso, um conceito, como expressão da linguagem, é estruturalmente aberto, e, pois, pode compreender objetos históricos os mais díspares (*v. g.*, o conceito de legítima defesa depende do que se entenda, em dado contexto, por "injusta agressão", "uso moderado dos meios necessários" etc.). Conceitos são cheques em branco.

Em quarto lugar, um conceito, que é assim socialmente construído, só é compreensível num espaço e tempo determinados, motivo pelo qual, com ou sem alteração de seus termos, está em permanente transformação, afinal um conceito encerra uma convenção (sempre provisória), e está condicionado por pré-conceitos ou pré-juízos. Por isso é que o legal e o ilegal, o lícito e o ilícito variam no tempo e no espaço, independentemente (inclusive) da alteração dos termos da lei, até porque o direito existe com ou sem leis (*v. g.*, comunidades ou países que seguem um direito costumeiro). Todo conceito, como todo texto, pressupõe um dado contexto.

Exatamente por isso, o que é justo hoje ou o foi ontem não será necessariamente amanhã. Pode ocorrer, inclusive, de se ter por justo e legal num dado momento algo que se tornará injusto e ilegal – e eventualmente criminoso – em momento posterior (*v. g.*, a discriminação de homossexuais ou de filhos havidos fora do casamento, danos ao meio ambiente), podendo-se imaginar que no futuro, tal como já ocorre nalguns países, muito do que atualmente é ilegal se tornará legal (e vice-versa), como a eutanásia, o casamento entre pessoas do mesmo sexo, a adoção por tais casais, a mudança de sexo etc. Aliás, historicamente nem todas as pessoas foram consideradas

---

características da realidade, como tendemos a acreditar, mas criações da mente, partes do mapa e não do território. Sempre que expandimos o reino de nossas experiências, as limitações da nossa mente racional tornam-se evidentes, levando-nos a modificar, ou menos a abandonar, alguns de nossos conceitos. O Tao da Física. S. Paulo: Cultrix, 1995, p. 126.

4. Talvez por isso, tenha dito Nietzsche que "conhecimento em si no devir é impossível; como é, portanto, possível conhecimento? Como erro sobre si mesmo, como vontade de poder, como vontade de ilusão." Vontade de poder, cit.

como sujeitos de direito (*v. g.*, estrangeiros, prisioneiros de guerra, mulheres, escravos).[5] O ser do direito é um devir.[6]

Não existe, portanto, direito vagando fora ou além da história, nem fora ou além das relações de poder que o constituem. Afinal, o tempo – são palavras de Kant – é a condição formal *a priori* de todos os fenômenos em geral, uma vez que todos os objetos dos sentidos estão no tempo e necessariamente sujeitos às relações do tempo.[7]

Naturalmente que, apesar de inexistir um direito a-histórico, atemporal, existem pessoas que assim se pretendem, isto é, que são de tal modo conservadoras que estão em permanente conflito com os valores de seu tempo.

Em quinto lugar, o conceito de direito, tal qual o conceito de justiça, liberdade, igualdade, e diferentemente do conceito de cavalo, automóvel etc., que dizem respeito a algo concreto, não remete a uma coisa, a um objeto, propriamente, mas a relações e conflitos que daí resultam (*v. g.*, pais/filhos, empresa/empregados, autores/vítimas, Estado/criminosos etc.). Exatamente por isso, o direito não é um conjunto de artigos de lei, mas um conjunto de relações humanas.[8]

Espinosa tinha razão, portanto, quando dizia que o bem (leia-se o *lícito*) e o mal (leia-se o *ilícito*) não são coisas reais (*entia realia*), mas entes da razão (*entia rationis*); logo, são apenas relações, e que, por isso, não existem na natureza, "pois jamais se disse que algo é bom senão em relação a outro que não é tão bom ou não nos é tão útil como o primeiro. E, assim, quando alguém diz que um homem é mau, não o diz senão em relação a outro que é melhor; ou, também, que uma maçã é má, senão em relação a outra que é boa ou melhor".[9] Ou, ainda, como escreve Michel Onfray: "o bem e o mal,

---

5. Também por isso, não é correto criticar a justiça ou injustiça de um ato ou instituição (v. g., a escravidão) desconsiderando o contexto em que surgiram. Não é de admirar, por isso, que no futuro, tal como já ocorre nalguns países, se for abolida a repressão ao tráfico ilícito, drogas passem a ser vendidas em drogarias e a história da sua repressão seja vista como selvageria ou algo similar.
6. Devir ou vir a ser. 1. O mesmo que mudança. 2. Uma forma particular de mudança, a mudança absoluta ou substancial que vai do nada ao ser ou do ser ao nada. Nicola Abbagnano. Dicionário de Filosofia, cit., p. 268.
7. Crítica da razão pura. Lisboa: Fundação Calouste Gulbenkian, 2010, p. 73.
8. Arthur Kaufmann. Filosofia do Direito. Lisboa: Fundação Calouste Gulbenkian, 2004.
9. Breve Tratado de Deus, do homem e de seu bem-estar, São Paulo: Autêntica editora, 2012, p.86/87.

o verdadeiro e o falso, o justo e o injusto, o belo e o feio pertencem a decisões humanas, contratuais, relativas e históricas. Essas formas não existem *a priori*, mas *a posteriori*, elas devem se inscrever na rede neuronal para ser: não há moral sem as conexões neuronais que permitam sua existência.[10]

Finalmente, todo conceito é construído pela equiparação de coisas desiguais e, por isso, constitui uma universalização do não universal, do singular; um conceito nasce, portanto, da postulação de identidade do não idêntico.[11] O conceito de crime, por exemplo, refere-se a um sem-número de condutas que a rigor nada têm em comum, à exceção da circunstância de estarem formalmente tipificadas: matar alguém, subtrair coisa alheia móvel, emitir cheque sem provisão de fundos, portar droga para consumo pessoal, abater espécime de fauna silvestre etc. (espécime que pode variar de uma minhoca ou uma borboleta a uma onça pintada), conceitos, que, por sua vez, unificam coisas díspares.

Com efeito, não existe um homicídio absolutamente igual a outro homicídio, nem um furto absolutamente igual a outro furto, nem um crime ambiental absolutamente igual a outro, pois as múltiplas variáveis que sempre envolvem tais atos tornam cada ação humana singular, única, irrepetível. Enfim, um conceito é formado pela eliminação do que há de particular em cada ato; e quanto mais exato, mais abstrato e mais vazio de conteúdo se torna.[12]

Aliás, a analogia, que tradicionalmente tem merecido um tratamento secundário, não constitui (conforme veremos) um elemento acidental, mas essencial ao conhecimento/interpretação, pois o belo e o feio, o justo e o injusto, o legal e o ilegal, são construídos em verdade a partir de comparações (analogias), isto é, recorrendo-se, conscientemente ou não, a experiências (sempre novas) de beleza, de justiça e de legalidade. O direito não é um saber lógico, mas analógico.

Por fim, o conceito de direito não é a própria coisa (práticas sociais etc.) que designamos como direito, assim como o conceito de

---

10. A potência de existir. Michel Onfray. São Paulo: Martins Fontes, 2010, p.47.
11. Nietzsche, Friedrich. Sobre verdad y mentira en sentido extramoral. Madrid: Tecnos, 1996.
12. Nietzsche, Friedrich. Sobre verdad y mentira en sentido extramoral. Madrid: Tecnos: 1996.

automóvel não é o próprio automóvel.¹³ Um conceito é essencialmente uma imagem; ela mesma um conceito.

De tudo isso resulta que o direito não está previamente dado, pois é parte da construção social da realidade; e, portanto, o direito não preexiste à interpretação, mas é dela resultado, razão pela qual a interpretação não é um modo de desvelar um suposto direito preexistente, mas a forma mesma de realização do direito. Enfim, não é mais a interpretação que depende do direito (ou da lei), mas o direito (ou a lei) que depende da interpretação.

Que é, pois, o direito? Sob essa perspectiva, o direito é um conjunto móvel de metáforas e metonímias.¹⁴

---

13. De acordo com Flávio Kothe, "jamais o que se tem na mente pode ser 'idêntico' à 'coisa como tal', já porque são duas existências distintas e irreconciliáveis numa só. Já por isso ninguém poderia, portanto, pretender absoluta 'adequação', já que existe uma inadequação constitutiva." Ensaios de semiótica da cultura. Brasília: Editora UnB, 2011, p. 56.
14. Eis textualmente o que Nietzsche escreveu a propósito da verdade: "¿Qué es entonces la verdad? Un hueste em movimiento de metáforas, metonimias, antropomorfismos, en resumidas cuentas, una suma de relaciones humanas que han sido realizadas, extrapoladas y adornadas poetica y retóricamente y que, después de un prolongado uso, un pueblo considera firmes, canónicas y vinculantes; las verdades son ilusiones de las que se ha olvidado que lo son; metáforas que se han vuelto gastadas y sin fuerza sensible, monedas que han perdido su troquelado y no son ahora ya consideradas como monedas, sino como metal", cit., p. 25.

Capítulo 3

CRÍTICA DA VONTADE DE VERDADE

Num livro recentemente publicado, cujo título é: "o que é isto? – decido conforme a minha consciência?"[1], Lenio Luiz Streck defende que, apesar de tudo, é possível falar de uma resposta juridicamente correta ou constitucionalmente adequada.

O texto pretende combater o "juiz solipsista",[2] uma espécie de Juiz Robinson Crusoé, que decidiria, não segundo a Constituição, mas segundo a sua consciência (e vontade) apenas.

Lenio Streck escreve textualmente: "Desse modo, quando falo aqui – e em tantos outros textos – de um sujeito solipsista, refiro-me *a essa consciência encapsulada que não sai de si no momento de decidir.* É contra esse tipo de pensamento que volto minhas armas. Penso que seja necessário realizar uma desconstrução (*abbau*) crítica de uma ideia que se mostra sedimentada (ou entulhada, no sentido da fenomenologia heideggeriana) no imaginário dos juristas e que tem se mostrado de maneira emblemática no vetusto jargão: 'sentença vem de *sentire...*' (para citar apenas um entre tantos chavões, que, como já demonstrei, transformaram-se em enunciados performáticos)."

---

1. O que é isto – Decido conforme a minha consciência? Livraria do Advogado Editora. Porto Alegre: 2010.
2. De acordo com o Dicionário Oxford de Filosofia (Rio de Janeiro: Jorge Zahar Editor, 1997, p. 367), solipsismo é "a crença de que, além de nós, só existem as nossas experiências. O solipsismo é a consequência extrema de se acreditar que o conhecimento deve estar fundado em estados de experiências interiores e pessoais, e de não se conseguir encontrar uma ponte pela qual esses estados nos deem a conhecer alguma coisa que esteja além deles. O solipsismo do momento presente estende este ceticismo aos nossos próprios estados passados, de tal modo que tudo o que resta é o eu presente. Russel conta-nos que conheceu uma mulher que se dizia solipsista e que estava espantada por não existirem mais pessoas como ela."

A primeira questão reside em saber se existiria de fato um tal juiz/sujeito. Afinal, de acordo com o autor, "...não é mais possível pensar que a realidade passa a ser uma construção de representações de um sujeito isolado (solipsista). O giro ontológico-linguístico já nos mostrou que somos, desde sempre, seres-no-mundo, o que implica dizer que, originariamente, já estamos 'fora" de nós mesmos nos relacionando com as coisas e com o mundo. Esse mundo é um ambiente de significância; um espaço no interior do qual o sentido – definitivamente – não está à nossa disposição".[3]

Se isto é correto, parece então que um juiz solipsista jamais existiu realmente, ainda que ele (o juiz) pensasse decidir isoladamente, com base exclusivamente em sua consciência. E mesmo um Robinson Crusoé, cuja consciência era o resultado de toda a tradição moral, religiosa, jurídica (etc.) que lhe fora ensinada antes do naufrágio que o vitimara, tinha na ilha a companhia de um Sexta-Feira. Tinha, pois, além de seus próprios limites, os limites de um semelhante e da ilha/ natureza em que passou a habitar.

Enfim, nem mesmo para Robinson Crusoé é possível falar de "um grau zero de sentido". E como assinala Gadamer, "não é a história que pertence a nós, mas nós que pertencemos à história. Muito mais do que nós compreendemos a nós mesmos na reflexão, já estamos compreendendo de uma maneira autoevidente na família, na sociedade e no Estado em que vivemos. A lente da subjetividade é um espelho deformante. A autorreflexão do indivíduo não é mais que uma centelha na corrente cerrada da vida histórica. Por isso, os pré-conceitos de um indivíduo são, muito mais que seus juízos, a realidade histórica de seu ser".[4]

Justamente por isso, carece de sentido a pergunta: "onde ficam a tradição, a coerência e integridade do direito? Cada decisão parte (ou estabelece) um 'grau zero de sentido'?".[5]

Aliás, é o próprio autor quem conclui que "é exatamente por isso que podemos dizer, sem medo de errar, que o sujeito solipsista foi destruído (embora sobreviva em grande parte do ambiente

---
3. Idem, p. 57.
4. Verdade e Método. Petrópolis: Editora Vozes, 1999, 3. ed.
5. Ibidem, p. 27.

jusfilosófico). Afinal, como diz Gadamer, 'quem pensa a linguagem já se movimenta para além da subjetividade'."[6]

Mas não é só. Para Lenio Streck, que cita voto proferido por um certo ministro que afirma não importar o que os doutrinadores pensam, "já como preliminar é necessário lembrar – antes mesmo de iniciar nossas reflexões no sentido mais crítico – *que o direito não é (e não pode ser) aquilo que o intérprete quer que ele seja*. Portanto, *o direito não é aquilo que o Tribunal, no seu conjunto ou na individualidade de seus componentes, dizem que é*".[7] Uma das conclusões a que chega é exatamente nesse sentido: "o direito não é aquilo que o judiciário diz que é. E tampouco é/será aquilo que, em segundo momento, a doutrina, compilando a jurisprudência, diz que ele é a partir do repertório de ementários ou enunciados com pretensões objetivadoras."[8]

A pergunta que sempre fica é: se o que os tribunais (e juízes) dizem que é o direito, direito não é, o que seria isso então? O não direito, o torto, o arbítrio? E o que seria o direito?

Segundo Lenio Streck, a decisão judicial não é um ato de vontade. O que seria, então? Um ato de verdade, entendido como *a resposta constitucionalmente adequada* ou similar?[9] "Mas a verdade", escreveu

---

6. Ibidem, p. 58.
7. Ibidem, p. 25.
8. Ibidem, p.107.
9. Em Verdade e consenso (Rio: Lumen Juris, 2007, p. 309), Lenio Streck diz que "...a resposta correta aqui trabalhada é a resposta hermeneuticamente correta, que, limitada àquilo que se entende por fenomenologia hermenêutica, poderá ser denominada de verdadeira, se por verdadeiro entendermos a possibilidade de nos apropriarmos de pré-juízos autênticos, e, dessa maneira, podermos distingui-los dos pré-juízos inautênticos...". Tem ainda que "na medida em que o caso concreto é irrepetível, a resposta é, simplesmente, uma (correta ou não) para aquele caso. A única resposta acarretaria uma totalidade, em que aquilo que sempre fica de fora de nossa compreensão seria eliminado. O que sobra, o não-dito, o ainda não-compreendido, é o que pode gerar, na próxima resposta a um caso idêntico, uma resposta diferente da anterior. Portanto, não será a única resposta; será sim, 'a' resposta." (idem, p. 317). E mais: "a única reposta correta é, pois, um paradoxo: trata-se de uma impossibilidade hermenêutica e, ao mesmo tempo, uma redundância, pois a única resposta acarretaria o sequestro da diferença e do tempo (não esqueçamos que o tempo é uma força do ser na hermenêutica). E é assim porque conteudística, exsurgindo do mundo prático"(Ibidem, p. 317). Conclui que "em síntese, a afirmação de que sempre existirá uma resposta constitucionalmente adequada – que, em face de um caso concreto, será a resposta correta (nem a melhor nem a única) – decorre do fato de que uma regra somente se mantém se estiver em conformidade com a Constituição..." (idem, p. 364). Em o que é isto? Decido conforme a minha consciência? Lenio Streck volta a afirmar que a resposta que propõe não é nem a única nem a melhor, mas "simplesmente se trata 'da resposta adequada à Constituição',

Nietzsche, "não é algo que existisse e que se houvesse de encontrar, de descobrir – *mas algo que se há de criar* e que dá o nome a um processo; mais ainda: uma vontade de dominação que não tem nenhum fim em si: estabelecer a verdade como um *processus in infinitum*, um *determinar ativo*, não um tornar-se consciente de algo que fosse *em si* firme e determinado. Trata-se de uma palavra para a 'vontade de poder'".[10]

Precisamente por isso é que Günter Abel diz que não é mais a interpretação que depende da verdade, mas justamente o contrário, que é a verdade que depende da interpretação, pois nos processos de interpretação não se trata, primariamente, de descobrir uma verdade preexistente e pronta, uma vez que não é possível pensar que haja um mundo pré-fabricado e um sentido prévio que simplesmente estejam à nossa disposição aguardando por sua representação e espelhamento em nossa consciência.[11]

E se existem apenas perspectivas sobre a verdade, não existe, por conseguinte, *a* verdade; consequentemente, não existe *a* resposta constitucionalmente adequada (ou correta etc.), mas apenas perspectivas sobre *a* resposta constitucionalmente adequada.[12] A resposta constitucionalmente adequada/correta é uma ficção inútil, portanto. Porque o que quer que possa ser pensado, como quer que seja pensado, por quem quer que seja pensado, sempre poderá ser pensado de diversas outras formas e, por isso, conduzir a resultados

---

isto é, uma resposta que deve ser confirmada na própria Constituição, na Constituição mesma (no sentido hermenêutico do que significa a 'Constituição mesma'..." (cit., p. 97). Idem, p. 84, nota de rodapé 96, Lenio Streck escreve: "de se ressaltar que, por certo, não estou afirmando que, diante de um caso concreto, dois juízes não possam chegar a respostas diferentes. Volto a ressaltar que não estou afirmando, com a tese da resposta correta (adequada constitucionalmente) que existam respostas prontas a priori, como a repristinar as velhas teorias sintáticas-semânticas do tempo posterior à revolução francesa. Ao contrário, é possível que dois juízes cheguem a respostas diferentes, e isso o semanticismo do positivismo normativista já havia defendido desde a primeira metade do século passado. Todavia, meu argumento vem para afirmar que, como a verdade é que possibilita o consenso e não contrário; no caso das respostas divergentes, ou um ou ambos os juízes estarão equivocados".

10. Nietzsche. Vontade de Poder. Rio de Janeiro: Contraponto, 2008, p. 288.
11. Verdade e interpretação, in Nietzsche na Alemanha, org. Scarlett Merton, discurso editorial, S. Paulo, 2005, p. 179-199.
12. Nietzsche escreveu: "há muitos olhos. Também a esfinge tem olhos; consequentemente, há muitas verdades e, consequentemente, não há nenhuma verdade". Vontade de poder, cit., p. 282.

também diversos. Quem, à maneira de Narciso, propõe semelhante ficção oculta o essencial: "eu sou a resposta correta".

E mais, como não há conhecimento humano desinteressado, visto que a vontade de conhecer já constitui, ela mesma, um impulso e um interesse de saber, pensamos, interpretamos e argumentamos estratégica e interessadamente.

Ademais, o legal e o ilegal, o justo e o injusto, o correto e o incorreto não são qualidades daquilo que designamos como tal, mas uma relação (interação) entre o sujeito e a coisa assim designada. Consequentemente, nada existe de legal, justo ou correto em si mesmo, mas apenas perspectivas sobre a legalidade, a justiça e a correção.[13]

Queiramos ou não, e ainda que em caráter de exceção, quase tudo é, em tese, legitimável – logo, também deslegitimável – por meio do direito. O que é verdadeiramente trágico é saber quando e sob que condições isso possível.

Como assinala Wolfgang Müller-Lauter, todas as interpretações são apenas perspectivas, razão pela qual não há qualquer parâmetro que permita provar qual é a "mais correta" e a "menos correta"; o único critério para a verdade de uma exposição da efetividade consiste se

---

13. Nietzsche escreveu: "até onde vai o caráter perspectivista da existência, ou mesmo se ela tem algum outro caráter, se uma existência sem interpretação, sem "sentido" (Sinn), não vem a ser justamente "absurda" (Unsinn), se, por outro lado, toda a existência não é essencialmente interpretativa – isso não pode, como é razoável, ser decidido nem pela mais diligente e conscienciosa análise e autoexame do intelecto: pois nessa análise o intelecto humano não pode deixar de ver a si mesmo sob suas formas perspectivas e apenas nelas. Não podemos enxergar além de nossa esquina: é uma curiosidade desesperada querer saber que outros tipos de intelecto e de perspectiva poderia haver: por exemplo, se quaisquer outros seres podem sentir o tempo retroativamente ou, alternando, progressiva e regressivamente (com o que se teria uma outra orientação da vida e uma outra noção de causa e efeito). Mas penso que hoje, pelo menos, estamos distanciados da ridícula imodéstia de decretar a partir de nosso ângulo, que somente dele pode-se ter perspectivas. O mundo tornou-se novamente "infinito" para nós: na medida em que não podemos rejeitar a possibilidade de que ele encerre infinitas interpretações. Mais uma vez nos acomete o grande tremor – mas quem teria vontade de imediatamente divinizar de novo, à maneira antiga, esse monstruoso mundo desconhecido? E passar a adorar o desconhecido como "o ser desconhecido"? Ah, estão incluídas demasiadas possibilidades não divinas de interpretação nesse desconhecido, demasiada diabrura, estupidez, tolice de interpretação – a nossa própria, humana, demasiado humana, que bem conhecemos." Nietzsche, Friedrich. A gaia ciência. São Paulo: Companhia das Letras, 2009, aforismo 374, p. 278.

e em que medida ela está em condições de se impor contra outras exposições. Cada exposição tem tanto direito quanto tem poder.[14]

E o que é (e quem diz qual é) essa resposta constitucionalmente adequada? E o que a torna *a* resposta adequada, relativamente às demais (não adequadas)?

É certo que Lenio Streck entende existir *a* resposta correta (não a única), isto é, "adequada à Constituição e não à consciência do intérprete"[15], chegando a defender, inclusive, um direito fundamental a isso.[16] Mas o que seria de fato *a* resposta constitucionalmente adequada senão aquela que o próprio intérprete (juiz, tribunal etc.) pretende como tal, segundo a sua perspectiva (consciência etc.)? Como toda pretensão ao universal e, portanto, ao impessoal, a tese da resposta correta oculta a singularidade que a produz.[17]

Kelsen tinha razão, portanto, quando assinalava que "todos os métodos de interpretação até o presente elaborados conduzem sempre a um resultado apenas possível, nunca a um resultado que seja o único correto. (...). Na aplicação do Direito por um órgão jurídico, a interpretação cognoscitiva (obtida por uma operação de conhecimento) do Direito a aplicar combina-se com um ato de vontade em que o órgão aplicador do Direito efetua uma escolha entre as possibilidades reveladas através daquela mesma interpretação cognoscitiva."[18]

Parece-nos, por conseguinte, que podemos criticar um certo tipo de vontade (*v. g.*, de condenar sem prova, de absolver um culpado etc.), mas não a vontade mesma, que está na raiz de toda decisão (judicial ou não), inevitavelmente. E por mais que consideremos uma determinada decisão (interpretação) arbitrária, incorreta ou injusta, uma coisa é certa: os limites de uma interpretação são dados por uma outra interpretação.

Finalmente, a possibilidade de decisões *absurdas* ou *teratológicas* (*contra legem*) é, em princípio, necessária à democracia. O que diria,

---

14. Wolfgang Müller-Lauter: a doutrina da vontade de poder em Nietzsche. São Paulo: ANNABLUME editora, 1997, p. 131.
15. O que é isto?, p. 101.
16. O que é isto?, p. 84.
17. Leon Kossovitch. Signos e poderes em Nietzsche. Rio de Janeiro: Azougue editorial, 2004, p.96.
18. KELSEN, Hans. Teoria pura do Direito. 6ª ed. Trad. João Baptista Machado. São Paulo: Martins Fontes, 2003, p. 394-395.

com efeito, a doutrina da época sobre a primeira decisão (*solipsista?*) que, no auge do regime, declarava a nulidade do contrato de compra e venda de escravos, que admitia a adoção por casais homossexuais, que recusava a distinção legal entre filhos legítimos e ilegítimos, que permitia a mudança de sexo etc.?

E mais: a questão fundamental não reside (mais) em saber se a sentença encerra ou não um ato de vontade, se há ou não uma resposta constitucionalmente adequada, mas na legalidade e legitimidade do controle dos atos do poder público, aí incluídas as decisões judiciais.

Capítulo 4

DIREITO E ARTE

Parece certo que, por mais que estudemos literatura, teatro ou pintura, é pouco provável que um dia escreveremos como um Tolstói, faremos filmes como Charles Chaplin ou pintaremos como um Picasso. É que a arte, movida grandemente pela inspiração, requer qualidades que estão além da técnica, que pode eventualmente ajudar a aperfeiçoá-las, mas que dificilmente fará de um desafinado um virtuoso.

Talvez se possa dizer o mesmo do direito: uma excelente formação dogmática não é garantia de decisões justas, porque a técnica, no direito como na arte, só pode oferecer, na melhor das hipóteses, isso: decisões tecnicamente corretas. Mas decisões tecnicamente corretas não são necessariamente decisões justas, assim como decisões tecnicamente incorretas não são necessariamente decisões injustas. É que uma boa interpretação, na arte como no direito, mais do que técnica e razão, requer talento e sensibilidade. E a técnica jurídica é apenas um meio a serviço de um fim: a justiça.

Existem outras semelhanças entre direito e arte. Ainda hoje é muito comum confundir lei e direito, como se fossem a mesma coisa. No entanto, confundir lei e direito equivale a confundir partitura e música, que são, obviamente, coisas distintas, podendo inclusive existir uma sem a outra. Com efeito, é perfeitamente possível produzir som, melodia e música, como é comum, aliás, e principalmente compor, sem partitura alguma, a revelar que a música independe da partitura. Pois bem, o mesmo ocorre com o direito: é possível decidir casos sem nenhuma lei; basta pensar nos conflitos havidos em comunidades mais primitivas (*v. g.*, indígenas) ou no *common law*, além dos inúmeros casos não disciplinados pela lei (lacuna legal). O direito, como a música, existe com ou sem lei, com ou sem partitura.

Mas o mais importante parece residir nisso: uma mesma partitura pode ser tocada de mil formas e ritmos, como, por exemplo, na forma de música clássica, rock, samba etc. E cada um desses ritmos, sons e estilo variará conforme o seu intérprete, suas influências, experiência, talento, necessidades etc. Também assim é a lei: uma lei, por mais clara e precisa, pode ser interpretada de diversos modos, variando conforme os pré-conceitos, influências, experiências, motivações e sensibilidade de seu intérprete. A lei é uma partitura que pode ser interpretada de mil formas, embora nem todas sejam plausíveis.

Não se deve, pois, confundir lei e direito, assim como não se deve confundir partitura e música: a música é o que decorre da execução do músico; o direito é o que resulta da interpretação do juiz ou tribunal. O direito, como a música, não é a lei nem a partitura: o direito é interpretação. Algumas interpretações julgamos boas e aplaudimos, outras julgamos ruins e condenamos.

Capítulo 5

DIREITO COMO FICÇÃO

Direito e arte são formas distintas de retratar o ser humano e suas circunstâncias, sobretudo porque, enquanto o direito se ocupa de situações reais, visando a decidir e resolver conflitos também reais, a arte, especialmente o teatro, o cinema e a literatura, trata, em geral, da ficção, com motivação e fins diversos.

Mas não é de todo correto dizer-se que a literatura ou o cinema tratam da ficção, enquanto o direito cuidaria de casos reais, exclusivamente. É que existem obras literárias que relatam situações reais, a exemplo de "A sangue frio", de Truman Capote. De fato, nesse famoso livro Capote narra a história da família Clutter, cujos quatro membros foram brutalmente assassinados por Perry Smith e Richard Hickock, na fazenda River Valley na cidade de Holcomb, no Estado do Kansas, Estados Unidos, em novembro de 1959. Os criminosos foram condenados à pena de morte e executados.

Para escrever o livro, e retratar essa tragédia com o máximo de precisão, Capote residiu por mais de um ano na região e entrevistou os moradores e principais personagens dessa história macabra, realizando uma investigação paralela. De acordo com Capote, "todo o material contido neste livro que não provém de minha própria observação ou foi retirado dos registros oficiais ou resulta de conversas com as pessoas diretamente envolvidas, entrevistas em geral realizadas ao longo de um extenso período."[1] Não é por acaso que o subtítulo de "A sangue frio" é "um relato verdadeiro de um homicídio múltiplo e suas consequências".

---
1. A sangue frio. São Paulo: Companhia das letras, 2011, p.17 (agradecimentos).

O que distingue, então, a narrativa de Truman Capote da narrativa dos réus, das testemunhas, do promotor, do advogado, do juiz etc.?

Ademais, o direito em vários momentos recorre à ficção. Assim, por exemplo, quando adota a teoria da equivalência quanto ao erro sobre a pessoa e à *aberratio ictus*, quando dá vida às pessoas jurídicas, quando adota a continuidade delitiva, quando presume verdadeiros os fatos não contestados pelo réu etc. Também conceitos como liberdade, igualdade, presunção de inocência (de vulnerabilidade etc.) são ficções jurídicas, quer porque ninguém é absolutamente livre ou igual a outrem, mas apenas relativamente, quer porque o presumido inocente pode ser, inclusive, um criminoso confesso.

Vê-se, pois, que não é de todo exato afirmar que o direito trata da realidade e a literatura da ficção, visto que, independentemente de cuidarem de fatos reais ou imaginários, direito e literatura constituem, em última análise, formas de ficção, embora com fins, limites e consequências distintas.

Sim, porque, se pensarmos bem, nos daremos conta de que os juristas (profissionais do direito) pertencem a uma classe particular de contadores de histórias, afinal, juízes, promotores e advogados não fazem outra coisa senão contar suas próprias histórias a partir de outras tantas. Uns contam tragédias, outros, comédias; uns preferem o conto, outros, a novela ou o romance; e o fazem com maior ou menor imaginação, com maior ou menor talento, com maior ou menor honestidade.

Mas todos contam histórias e, pois, dão sua própria versão dos fatos. Sim, porque o que pretendem como simples "sentença", "denúncia", "testemunho", "fatos" não é uma pura narração, mas uma construção, isto é, uma interpretação a partir do que a mente percebe e a memória retém. No direito, como na arte, nada é dado, tudo é construído.

Que são afinal os grandes advogados senão exímios contadores de histórias, e que, como bons contadores, contam-nas conforme o seu respectivo auditório (juiz, tribunal etc.), com ele interagindo e persuadindo-o? Enfim, que fazem os juristas senão contar histórias, mais ou menos verossímeis, mais ou menos exatas, no seu próprio interesse e no interesse de seus clientes (Estado, réu, vítima)?

Ademais, no direito e na arte, o modo como se conta uma história é mais importante do que a história mesma.

Trata-se, enfim, de uma história recontada conforme os nossos sentidos, as nossas necessidades, os nossos interesses, as nossas crenças, as nossas limitações. Não existem fatos; só existem interpretações (Nietzsche), mesmo porque o direito escreve roteiros que permitem aos atores grande margem de improvisação.[2]

Daí dizer François Ost que entre direito e literatura, solidários por seu enraizamento no imaginário coletivo, os jogos de espelho se multiplicam, sem que se saiba em última instância qual dos dois discursos é ficção do outro. Diz ainda que, ao invés de se afirmar que o direito se origina dos fatos (*ex facto ius oritur*), seria mais exato dizer *ex fabula ius oritur*: é da narrativa que sai o direito.[3]

De certo modo, portanto, o direito é uma espécie (sutilíssima) de ficção, mas que não percebemos como ficção.[4]

Também por isso, não surpreende quão arbitrários podem ser nossos juízos de valor, afinal em última análise interpretamos o mundo e tudo lhe diz respeito conforme o nosso grau de envolvimento e identificação com os personagens, dramas e temas em questão. Não é por acaso que tendemos a compreender e perdoar as pessoas de que gostamos e, pelos mesmos atos, abominamos aqueles que nunca vimos ou conhecemos; uns cometem "erros", outros "crimes". Não por outra razão é que a lei declara impedido ou suspeito o juiz segundo o grau de parentesco (ou amizade) com as partes do processo.

Parece mesmo que condenamos nos outros o que, conscientemente ou não, condenamos em nós mesmos; e absolvemos nos outros o que absolvemos ou toleramos em nós mesmos. Compreende-se, assim, que, no passado, os jurados absolvessem o marido que surpreendia a esposa em adultério e a matava, acolhendo a tese, que hoje rejeitam solenemente, de legítima defesa da honra.

---

2. François Ost. Contar o Direito: as fontes do imaginário jurídico. Porto Alegre: Editora Unisinos, 2005, p. 44.
3. Idem, p. 24.
4. Nietzsche observou: Parmênides disse "não se pensa o que não é" – estamos na outra extremidade e dizemos: "o que pode ser pensado há de ser, seguramente, uma ficção". Aforismo 539. Vontade de Poder. Rio: Contraponto, 2008, p. 282. Eis a propósito um dos sentidos possíveis de ficção: "relato ou narrativa com intenção objetiva, mas que resulta de uma interpretação subjetiva de um acontecimento, fenômeno, fato etc." Dicionário Houaiss da Língua Portuguesa. Ed. Objetiva: Rio de Janeiro, 2001, 1. ed., p. 1.336.

Consequentemente, tão ou mais importante que a verdade processual e o conhecimento da legislação, é o tipo de relação/interação que se passa (nem sempre conscientemente) entre quem julga (e o que julga) e quem é julgado (e o que é).

Naturalmente que entre direito e arte há muitas diferenças. Faltam, em geral, ao direito e aos juristas, por exemplo, a criatividade e a subversão que caracterizam a (grande) arte. Como escreve Flávio Kothe, "arte é transcendência, não no sentido religioso de advento de uma instância metafísica, e sim no duplo sentido de arrancar o sujeito de sua circunstância e permitir o acesso a algo além do aqui e agora. A arte é sempre subversiva, no sentido de arrancar o sujeito da tirania de sua circunstância e de seu conformismo (...). Somente pode ser gerada a partir de uma experiência de choque e de uma vivência de exclusão. Ela é a elaboração de um abismo o qual separa o sujeito de sua circunstância e o leva ao espaço privilegiado de alguma espécie de moldura, dentro da qual ele opera o seu milagre criativo."[5]

Também por isso, o artista dispõe de uma liberdade de criação muito superior àquela dos juízes e tribunais.

Por tudo isso talvez tenhamos mais a aprender com a literatura, o teatro, o cinema, a música, a arte, do que com os livros técnicos, sobretudo nos dias atuais em que a doutrina tende a não doutrinar, mas a repetir precedentes judiciais, acriticamente.

---

5. O Cânone Republicano II. Brasília: Editora Universidade de Brasília, 2004, p. 473.

Capítulo 6

LIMITES DA INTERPRETAÇÃO

Atualmente parece não haver dúvida de que, por maior que seja a clareza e a exatidão de um texto legal, é sempre possível interpretá-lo de várias formas, em virtude do caráter estruturalmente aberto da linguagem e, pois, dos conceitos jurídicos. Há quem afirme inclusive que as possibilidades de interpretação são infinitas (Nietzsche, Derrida, Umberto Eco). Mas isso significa que qualquer interpretação é válida? Existem limites à interpretação?

Parece-nos que tais limites existem ou devem existir realmente.[1]

Em primeiro lugar, é preciso reconhecer que há interpretações erradas, isto é, tecnicamente incorretas. Exemplo disso são as que se fundam em leis já revogadas como se ainda estivessem em vigor; as que desconhecem a legislação específica; as que convalidam cálculos matemáticos incorretos, relativamente à prescrição, decadência, prazos etc.; as que se baseiam numa leitura equivocada do texto; as tomadas por juízes manifestamente incompetentes; as que contrariam princípios e regras por desconhecimento; as que encerram contradição insuperável, entre outras.

Mas que dizer da interpretação tomada conscientemente e sem erros técnicos? Pode um juiz deixar de condenar alguém por crime contra a liberdade sexual por julgar que a vítima, por ser prostituta

---

1. Nesse sentido, Umberto Eco: dizer que um texto é potencialmente sem fim não significa que todo ato de interpretação possa ter um final feliz. Até mesmo o desconstrucionismo mais radical aceita a ideia de que existem interpretações clamorosamente inaceitáveis. Isso significa que o texto interpretado impõe restrições a seus intérpretes. Os limites da interpretação coincidem com os direitos do texto, o que não quer dizer que coincidem com os direitos do seu autor. Os limites da interpretação. S. Paulo: Editora Perspectiva, 2000, p. XXII. E Nietzsche: "Infinita possibilidade de interpretação do mundo: cada interpretação é um sintoma de crescimento ou de declínio," in Vontade de Poder, cit.

ou similar, não é digna ou passível de proteção jurídica? É sustentável ainda, como no passado, que mulher casada não pode ser vítima de estupro praticado pelo marido, em razão dos deveres do casamento? Policiais podem matar fora dos casos legalmente admitidos? Temos que, seja qual for o rótulo que se associe a cada comportamento (prostituta etc.), toda pessoa humana, independentemente de qualquer outra condição, tem direito de ser respeitada enquanto tal, fazendo por isso jus à proteção da vida, da honra e da liberdade em toda e qualquer circunstância, motivo pelo qual o juiz não pode negar proteção à prostituta ou à mulher casada sob nenhum pretexto. Além do mais, se é certo que temos o direito de ser preconceituosos, não temos, porém, o direito de fazer dos nossos preconceitos um direito, especialmente quando isso signifique excluir ou violentar outrem.

Pela mesma razão, não se pode considerar legítima a ação de policiais que torturam e matam supostos criminosos fora dos casos legalmente autorizados (legítima defesa) em nome da segurança pública ou semelhante, porque do contrário não existirá diferença alguma entre policiais e criminosos, entre lícito e ilícito, entre o direito e o torto.

Não obstante isso, por mais que consideremos determinadas decisões como incorretas, absurdas ou inaceitáveis, uma coisa é certa: os limites de uma interpretação são dados por uma outra interpretação, afinal a afirmação de que uma determinada sentença é incorreta, absurda ou inaceitável encerra igualmente uma interpretação.[2]

Naturalmente que a interpretação predominante (majoritária) não é necessariamente a melhor, porque tal encerra uma decisão de poder, motivo pelo qual prevalecerá a interpretação de quem (pessoa, órgão ou instituição) tiver atribuição legal (poder) para impor ou institucionalizá-la, podendo inclusive ser a mais arbitrária dentre as possíveis, afinal só é direito o que o poder reconhece como tal[3]. Dito sem rodeios: quem tem poder cria o direito; quem não o tem o sofre!

---

2. Como assinala Hassemer, apenas uma compreensão jurídica obtusa, mas não aquela orientada pela teoria linguística, poderia supor que existem fronteiras abstratas entre linguagem e compreensão fora da linguagem e da compreensão. A interpretação judicial das leis é um ato de compreensão de texto e, por isso, provida de todas as limitações, pré-conceitos, subjetivismos, rotinas e caráter espontâneo das demais formas de compreensão. Cit., p. 66.
3. De acordo com François Ewald, "não há saber 'neutro', purificado, desafectado, como foi dito a respeito da ciência. Todo o saber é político, não porque dele se possam deduzir consequências em política, nem porque a política se possa servir dele ou utilizá-lo, mas,

Porque é o poder (um conjunto de relações histórica e permanentemente em construção) que, em última análise, cria e extingue estados, promulga leis e revoga constituições, institui exércitos e parlamentos, declara a guerra e a paz, forja deuses e demônios, distingue mito e realidade, saber e ignorância, bem e mal, verdade e mentira, direito e torto.

Não surpreende, assim, que a lei tenha, historicamente, protegido e preferido os homens às mulheres, os héteros aos homossexuais, os senhores aos escravos, os patrões aos empregados, os incluídos aos excluídos socialmente, e todos eles aos animais; preferido, enfim, os mais fortes aos mais vulneráveis.

Naturalmente que essa relação não é estática, mas dinâmica, e, pois, muda segundo a conformação política e econômica das sociedades.

---

muito mais profundamente, porque não há saber que não seja fundado ou não encontre as suas condições de possibilidade em relações de poder". Foucault e o direito, cit., p. 55.

Capítulo 7

LEIS SÃO NECESSÁRIAS?

Dizendo isso, convirá questionar, sobretudo em virtude da superprodução legislativa dos últimos anos – em especial, emendas à Constituição e normas penais, leis, em geral, puramente simbólicas e demagógicas –, se a própria atividade legislativa não seria ela mesma uma atividade desnecessária, inútil, ao menos em relação aos fins que lhe são tradicionalmente assinalados pelo discurso oficial. Penses nisso: se em tua casa, tu tiveres necessidade de afixar na parede um aviso, portaria, lei ou coisa que o valha, advertindo, por exemplo, de que "aqui é proibido matar, estuprar, furtar etc.", em verdade, tu estarás, por um lado, simplesmente proclamando o óbvio, por outro, se tiveres necessidade de semelhante expediente, é porque em tua casa as coisas chegaram a uma tal desordem que é evidente que esta simples folha de papel não mudará absolutamente nada. E leis são, antes de tudo, folhas de papel com mensagens impressas.

Parece razoável supor ademais que ninguém deixa de matar, estuprar, furtar etc. porque existam leis que incriminam tais comportamentos; afinal, as pessoas cometem ou deixam de cometer crimes porque têm ou não motivação para tanto: emocionais, psicológicas, morais, culturais, religiosas, econômicas etc. Enfim, as complexas motivações humanas dificilmente podem ser eficientemente debeladas pelo poder mítico das leis. Não bastasse isso, que legitimidade pode decorrer de leis ditadas por um parlamento (em geral) justamente desacreditado, fundado que é num sistema representativo caduco e a serviço (quase que exclusivamente) dos grupos econômicos que patrocinam a eleição de deputados e senadores, vereadores, prefeitos etc.?

No particular, a questão fundamental parece residir nisso, porém: pretender mudar a realidade por meio de leis é grandemente utópico. O melhor exemplo disso é a própria Constituição cujo projeto de um

Estado (Social) Democrático de Direito tem sido sistematicamente desacreditado pela realidade, particularmente no que diz respeito ao capítulo dos direitos sociais: direito à educação, à saúde, ao trabalho, à moradia, ao lazer, à segurança, entre outros. Aliás, combater o racismo, a desigualdade social, o preconceito, o desemprego, a fome etc. por meio de leis é apenas um modo particular de proclamar retoricamente: "sejam bons, sejam solidários, sejam éticos, respeitem o próximo etc."; no essencial, a Constituição encerra, portanto, uma simples carta de intenções. Aliás, não poderia ser diferente, porque a lei é apenas um marco simbólico de conquistas políticas; não é, pois, nem seu começo nem seu fim, mas sua continuação por outros meios.[1]

Mas os exemplos disso – inadequação da lei para transformar a realidade – são inumeráveis no âmbito jurídico-penal, especialmente: a edição de uma lei de crimes hediondos não diminuiu os índices de criminalidade; a promulgação de uma lei de tortura não fez com que os nossos policiais se tornassem menos violentos; leis em favor da ordem tributária não impediram que a sonegação fiscal deixasse de crescer; leis contra a falta de decoro não obstam parlamentares de reincidirem na infração; leis proibitivas de estupros e tráfico de drogas não parecem evitar tais delitos, mesmo porque o criminoso, antes de decidir praticar uma determinada infração, não parece fazer uma prévia consulta ao Código Penal para deliberar a esse respeito. Pergunte sinceramente a si mesmo: "por que ainda não pratiquei estupro"?, "por que ainda não matei alguém?", "por que ainda não assaltei um banco?" É pouco provável que a resposta seja: "porque há uma lei que o proíbe; e se a lei for revogada, eu o farei"! Pois quem tiver chegado a uma tal resposta, jamais seria obstado pela simples existência da lei. Ordinariamente, inclusive, o autor de uma infração, seja qual for, acredita que não será descoberto e segue adiante, se tiver motivação/disposição bastante para tanto. Note-se ainda que a eventual abolição desses crimes não significaria autorizá-los, uma vez que tais condutas são proibidas desde sempre pela moral, pelos costumes, pelas convenções sociais e pelo próprio direito.

Parece certo, aliás, que de certo modo somos todos criminosos, reais ou potenciais, seja por ação, seja por omissão, porque somos

---

1. Ou como diz Luiz Alberto Warat: o direito é uma instância simbólica do político. Introdução geral ao direito I. Porto Alegre: Sergio Fabris Editor, 1994, p. 28.

capazes de cometer as maiores violências sob as mais diversas motivações e pretextos, as quais variam de pessoa para pessoa, e são mais ou menos vis (poder, dinheiro, ciúme, ódio, inveja etc.).[2] Enfim, cometemos crimes pelas mesmas razões que não os cometemos: o decisivo são sempre as motivações humanas, que mudam permanentemente, as quais podem ter inclusive, como a história (de ontem e de hoje) o demonstra fartamente, os mais nobres pretextos: a pátria, o bem, o amor, a honra, a lei, a justiça, Deus[3] etc.

É de convir, assim, que as leis são (não infrequentemente) um instrumento retórico e demagógico de criar uma impressão, uma falsa impressão, de segurança, criando no imaginário social a ilusão de que os problemas foram ou estão sendo resolvidos, até porque de nada valem se não existirem mecanismos reais de efetivação. E as leis parecem assumir nos dias atuais, cada vez mais, uma função mítica, simbólica. E o legislador tem sabido tirar proveito disso, ao decidir legislar em profusão, como se a edição de novas leis, ao invés de proteção, não significasse apenas a multiplicação de novas violações à lei e, pois, mais arbitrariedade.[4]

Por isso é que, se quisermos tomar a sério a legislação, cumpre adotar um corpo mínimo de leis claras, precisas, necessárias e com um mínimo de efetividade social, pois, como há muito disse Montesquieu, as leis desnecessárias enfraquecem e desacreditam as leis necessárias.[5]

É que problemas estruturais demandam soluções também estruturais; no mais das vezes intervenções individuais (*v. g.*, castigar criminosos) apenas servem para manter as coisas como estão, a pretexto de mudá-las; e, pois, têm caráter essencialmente conservador do *status quo*.

---

2. Como demonstra Philip Zimbardo (O efeito lúcifer. Rio de Janeiro: Record, 2012), pessoas normais e pacíficas podem, em circunstâncias especiais ou desconhecidas (v.g., guerra), como de normalização da violência e desumanização, revelaram-se cruéis e sádicas e praticarem os mais diversos crimes (v.g., tortura, violência sexual etc.).
3. Em nome de Deus, por exemplo, foi e é cometida toda sorte de violência: a noite de São Bartolomeu, o extermínio dos cátaros (ou albigenses), as cruzadas, a inquisição, os massacres patrocinados por Moisés (Êxodo, 32:27 e 28) ou Josué (6:21) e seus atuais seguidores – Bin Laden, Bush –, além de outras formas sutis atuais de violência, como a discriminação contra homossexuais etc.
4. Como disse Beccaria, criar novas leis não significa impedir mais crimes, mas criar outros novos. Dos delitos e das penas, cit.
5. O espírito das leis, trad. Fernando Henrique Cardoso e Leôncio Matos Rodrigues. Brasília: Ed. UnB, 1995,

Capítulo 8

PENA, LIVRE ARBÍTRIO E NEUROCIÊNCIA

A neurociência promete uma autêntica revolução para os próximos anos que implicará uma mudança radical da imagem que o homem faz de si mesmo, com repercussão direta sobre o direito penal (mas não só sobre ele), especialmente no que diz respeito à culpabilidade.

Com efeito, segundo manifesto publicado na Alemanha em 2004 por 11 (onze) neurocientistas, "num período de tempo previsível, nos próximos vinte ou trinta anos, a investigação cerebral poderá alcançar a conexão entre os processos neuroelétricos e neuroquímicos, assim como funções perceptivas, cognoscitivas, psíquicas e motoras, até o ponto em que será possível fazer predições bastante certeiras sobre estas conexões em ambas as direções. E isso significa que devemos contemplar a mente, a consciência, os sentimentos, os atos voluntários e a liberdade de ação como processos naturais, pois todos se baseiam em processos biológicos".[1]

A anunciada revolução pretende demonstrar (possivelmente), entre outras coisas, que o homem não é livre, isto é, que a liberdade de agir (ou livre arbítrio) é uma ilusão criada pela mente consciente, uma vez que todas as nossas decisões procedem de processos neuronais complexos inconscientes sobre os quais o nosso consciente ou não tem poder algum ou o tem minimamente. Pretende-se provar, assim, que aquilo que se nos apresenta como ações refletidas, conscientes, prudentes etc. é, em verdade, uma ilusão criada pela consciência[2],

---

1. Dível em El fantasma de la libertad (datos de la revolución neurocietífica), de Francisco J. Rubia. Barcelona: Crítica, 2009.
2. De acordo com Gerhard Roth, "o homem é livre no sentido de que pode atuar em função de sua vontade consciente e inconsciente. Apesar disso, esta vontade está completamente determinada por fatores neurobiológicos, genéticos e do entorno, assim como pelas experiências psicológicas e sociais positivas e negativas, em particular as que são

inclusive porque o cérebro é um órgão como qualquer outro e, por essa razão, é tão determinista em seu funcionamento quanto o coração ou o fígado.[3] E ninguém pode atuar de modo distinto do que de fato é, escreve Wolf Singer.[4]

Como assinala Francisco Rubia, "para Gerhard Roth, as decisões para nossos atos procedem do inconsciente, o que quer dizer que temos a impressão de que sabemos o que fazemos, mas, em realidade, o que o consciente faz é atribuir-se algo que não é obra sua".[5] Daí concluir Rubia que, "se literariamente, em nosso século de Ouro, Calderón (1600-1681) afirmou que a vida é um sonho, alguns neurocientistas modernos sustentam que realmente toda vida é uma ilusão", motivo pelo qual "o livre arbítrio é provavelmente uma ilusão, mais uma ilusão entre muitas que o cérebro inventa".[6]

Também por isso, nossas decisões teriam um insuperável fundo emocional, porque a racionalidade não domina nossas ações, o que significa que a interação entre o consciente e o inconsciente, entre os centros límbicos e os centros motores executivos, garante que as ações voluntárias ocorram dentro do âmbito dos sentimentos emocionas inconscientes e da parte racional cognitiva consciente de cada pessoa.[7]

Que semelhante perspectiva importa numa reviravolta no nosso modo de pensar e ver o mundo é evidente, já que, concretamente, isso significa, por exemplo, que os delinquentes não sabem, a rigor, por que delinquem; que os advogados não sabem por que advogam; que os promotores não sabem por que acusam, e nem os juízes sabem por que julgam. E, mais importante, nenhum deles poderia agir

---

produzidas em etapas iniciais da vida, que dão lugar a mudanças estruturais e fisiológicas no cérebro. Isso significa que todas as influências psicológicas e sociais devem produzir mudanças estruturais e funcionais. Do contrário, não poderiam atuar sobre nosso sistema motor. Por último, isso supõe que não existe livre arbítrio em sentido firme, mas somente em sentido débil e compatibilista. E também significa que ninguém, nem os filósofos, nem os psicólogos, nem os neurobiólogos podem explicar como funciona o livre arbítrio em sentido forte. La relación entre razón e la emoción y su impacto sobre el concepto de libre albedrío, p. 114. In El cérebro: Avances recientes en neurociência. Madrid: Editorial Complutense, 2009.

3. John R. Searle. Liberdade e neurobiologia. S. Paulo: Editora UNESP, 2007, p. 59.
4. Experiencia própria y descripción neurobiológica ajena, p.30. Revista electrónica de ciencia penal y criminologia, 2010, revista 12. Criminet.ugr.es.
5. FRubia, cit., p. 15.
6. El fantasma, cit., p. 9.
7. GRoth. La relación entre la razón y la emoción y su impcto sobre el concepto de libre albedrío, p. 114.

diversamente. Daí não fazer sentido a ideia de culpabilidade (mas não só ela), visto que não seria razoável exigir-se do agente dito culpável um comportamento diverso, isto é, conforme o direito. Estar-se-ia a exigir algo neurocientificamente inexigível.

Tampouco faria sentido a distinção entre condutas voluntárias e involuntárias, entre ações dolosas e não dolosas (imprudentes ou inconscientes), entre imputáveis e inimputáveis, uma vez que o agente careceria, inevitavelmente, de liberdade (consciente) de agir. Afinal, as mais complexas realizações do pensamento são possíveis sem a assistência da consciência (Freud).

Embora talvez fosse mais prudente esperar o que de fato significará essa anunciada revolução neurocientífica, parece claro que a perspectiva neurocientífica (ou ao menos parte importante de neurocientistas) tende a reduzir o homem ao cérebro; a seguir, o cérebro ao cérebro inconsciente; e, por fim, o cérebro consciente a uma espécie de ventríloquo do cérebro inconsciente, tal é a superestimação deste último em detrimento do primeiro.[8]

De todo modo, ainda que se prove futuramente que o homem é um escravo de suas pulsões e desejos inconscientes, que ele é o que é, e não o que ele quer ou pretende ser, é improvável que isso implique a

---

8. GRoth, a consciência, entre outras coisas, sempre está relacionada com o processamento de informação nova, importante e complicada. Assim, sempre que enfrentamos decisões novas e importantes, devemos fazê-lo de forma consciente, mas em nossa memória inconsciente é guardada tudo que experimentamos em nossas vidas. La relación entre la razón y la emoción y su impcto sobre el concepto de libre albedrío, p. 115. De acordo com Freud, o inconsciente é a esfera mais ampla, que inclui em si a esfera menor do consciente. Tudo o que é consciente tem um estágio preliminar inconsciente, ao passo que aquilo que é inconsciente pode permanecer nesse estágio e, não obstante, reclamar que lhe seja atribuído o valor pleno de um processo psíquico. O inconsciente é a verdadeira realidade psíquica; em sua natureza mais íntima, ele nos é tão desconhecido quanto a realidade do mundo externo, e é tão incompletamente apresentado pelos dados da consciência quanto o é o mundo externo pelas comunicações de nossos órgãos sensoriais. Ainda: as mais complexas realizações do pensamento são possíveis sem a assistência da consciência. A interpretação dos sonhos (segunda parte), capítulo VII (a psicologia dos processos oníricos). Em Edição Standard brasileira das obras completas de Sigmund Freud. Vol. XV. Rio de Janeiro: Imago, 1ª edição. Mais: "o inconsciente designa não apenas as ideias latentes em geral, mas especialmente ideias com certo caráter dinâmico, ideias que se mantêm à parte da consciência, apesar de sua intensidade e atividade" (...); "a inconsciência é uma fase regular e inevitável nos processos que constituem nossa atividade psíquica; todo ato psíquico começa com um ato inconsciente e pode permanecer assim ou continuar a evoluir para a consciência, segundo encontra resistência ou não". Uma nota sobre o inconsciente na psicanálise. Em: Edição Standard brasileira das obras psicológicas completas de Sigmund Freud. Vol. XII. Rio de Janeiro: Imago, 1ª edição.

extinção do controle social e tampouco a abolição do controle penal, embora possa desencadear uma reformulação radical do direito penal que conhecemos hoje.[9] Tanto é assim que mesmo os inimputáveis em razão de doença mental ou similar estão sujeitos à intervenção do direito penal (medidas de segurança).

Ademais, o direito penal não se funda em dados (puramente) biológicos, mas em sistemas socialmente construídos de responsabilidade.[10] E se o homem é ou não livre, isso depende do conceito de liberdade de que se parte, que não é, em princípio, um conceito biológico, mas político.[11] Enfim, a investigação que procede da neurociência, embora necessária e importante, não é suficiente para a implosão do edifício jurídico-penal, que certamente resistirá à anunciada revolução neurocientífica, se bem que a partir de novos fundamentos.

Finalmente, de acordo com Libet, "a vontade consciente influi o resultado do processo de vontade, ainda que este último tenha sido introduzido por processos cerebrais inconscientes", razão pela qual conclui que tanto o determinismo quanto o indeterminismo são indemonstráveis.[12]

---

9. Para Michel Pauen, não há nenhuma revolução à vista, porque não existe uma refutação científica da liberdade e responsabilidade. A liberdade e a determinação não são incompatíveis, de modo que, ainda que tenhamos demonstrado que o nosso cérebro é um sistema determinista, ainda não demonstramos que não sejamos capazes de atuar livremente. Autocomprensión humana, neurociencia y libre albedrío. In El Cerebro: Avances recientes en neurociencia. Madrid: Editorial Complutense, 2009.
10. No mesmo sentido, Hassemer: "...responsabilidade e imputação não descansam em conhecimentos da biologia humana, mas em razões sociais. Não sobrevivem por ignorância e irracionalidade, mas por conhecimento e experiência. Neurociências y culpabilidad em Derecho penal. Disponível em INDRET.COM. Barcelona: abril, 2011.
11. Nesse exato sentido escreve Michel S. Gazzaniga: "a neurociência tem pouco que aportar à compreensão da responsabilidade. A responsabilidade é um constructo humano que existe só no mundo social, onde há mais de uma pessoa. É uma regra, construída socialmente, que existe só no contexto da interação humana. Nenhum pixel de uma imagem cerebral poderá manifestar culpabilidade ou inculpabilidade (...). Os neurocientistas não podem falar sobre a culpabilidade do cérebro, como tampouco pode culpar o relojoeiro o relógio. Não se nega a responsabilidade; só está ausente a descrição neurocientífica da conduta humana (...). A neurociência nunca encontrará o correlato cerebral da responsabilidade, porque é algo que atribuímos aos humanos – as pessoas – e não aos cérebros. El cérebro ético. Barcelona: Paidós, 2006, p. 110/111.
12. Cf. Luzón Peña, Libertad, culpabilidad y neurociencias. Barcelona: indret.com, julio de 2012.

Capítulo 9

DEUS E O DIREITO

Diz Michel Onfray que, apesar do triunfo (aparente) dos ideais do Iluminismo, que sonhara com um direito laico e que, portanto, distinguisse e separasse, muito claramente, direito e moral, direito e religião, crime e pecado, ainda hoje a episteme do direito permanece judaico-cristã, pois no essencial se mantém fiel aos seus valores fundamentais.[1] Afirma que, embora os tribunais de justiça da França não possam ostentar símbolos religiosos, nem proferir decisões com apoio na Bíblia, no Alcorão ou na Torá, "nada existe no direito francês que contravenha essencialmente as prescrições da igreja católica, apostólica e romana".[2] Diz mais: o saber e a metafísica do direito provêm diretamente da fábula do paraíso original, versão monoteísta do mito grego de Pandora: o homem é livre, e, pois, responsável e culpável; logo, por ser dotado de liberdade, pode decidir e preferir uma coisa a outra num universo de possibilidades.[3]

Assim, o direito não seria outra coisa senão uma continuação da tradição moral cristã por outros meios, já que todos aqueles que dele se utilizam (legisladores, juízes, promotores, advogados etc.) seriam

---

1. De acordo com Ernst Cassirer, a consciência teórica, prática e estética, o mundo da linguagem e do conhecimento, da arte, do direito e da moral, as formas fundamentais da comunidade e do Estado, todas elas se encontram originariamente ligadas à consciência mítico-religiosa. Linguagem e mito. S. Paulo, 2006, p. 64.
2. Tratado de ateología, física de la metafísica. Buenos Aires: Ediciones de la Flor, 2005, p. 73.
3. Idem, p. 73. No particular, ele escreve o seguinte: "a máquina da colônia penitenciária de Kafka repercute diariamente nos palácios chamados de Justiça europeus e em suas prisões contíguas. O choque entre o livre-arbítrio e a eleição voluntária do Mal que legitima a responsabilidade, portanto, a culpabilidade, portanto o castigo pressupõe o funcionamento de um pensamento mágico que ignora o que a obra pós-cristã de Freud ilustra através da psico-análise e a de outros filósofos que demonstram o poder dos determinismos inconscientes, psicológicos, culturais, sociais, familiares, etológicos etc.", cit., p. 75.

meros portadores, conscientes ou não, dos valores cristãos; por sua vez, a moral seria a continuação da religião; o conhecimento, um *continuum* da moral e da religião, embora por meios diversos.[4] Por conseguinte, a tão propalada separação entre direito e moral, entre direito e religião, entre crime e pecado, seria mais aparente do que real, afinal os dois mil anos de história e dominação ideológica do cristianismo continuariam a forjar os sujeitos, ditando-lhes o modo correto de nascer, viver e morrer.[5]

Será isso exato, relativamente ao direito brasileiro?

Bem, se tomássemos como referência o Livro V das Ordenações Filipinas que vigorou, entre nós, de 1603 a 1830, típica legislação medieval contra a qual se insurgiria a filosofia das luzes, não se teria nenhuma dúvida a esse respeito, uma vez que ali a confusão entre Estado e Igreja era manifesta, conforme se lê de alguns títulos, como, por exemplo, "dos hereges e apóstatas", "dos que arrenegão, ou blasfemão de Deos, ou dos Santos", "dos feiticeiros", "dos que benzem cães, ou bichos sem autoridade d'El Rey, ou dos Prelados" (Títulos I, II, III e IV) etc.

Mas poder-se-á dizer o mesmo do Brasil de hoje, que é formalmente uma "República Federativa", que se constitui em "Estado Democrático de Direito", Estado secular, portanto, e que tem como objetivos declarados, entre outros, "promover o bem de todos, sem preconceitos de origem, raça, sexo, cor, idade e quaisquer outras formas de discriminação"[6] (CF, arts. 1º e 3º, IV)?

---

4. Giles Deleuze. Nietzsche e a filosofia. Lisboa: Rés-Editora, 2001, p. 148.
5. Naturalmente que isso não constitui uma exclusividade do direito, atingindo todo o conhecimento humano (ético, bioético, pedagógico, político, filosófico etc.). Quanto à psiquiatria, por exemplo, Thomas Szasz assinala que "o que denominamos Psiquiatria contemporânea e dinâmica não é um progresso notável com relação às superstições e práticas das caças às bruxas, segundo a interpretação dos propagandistas da Psiquiatria contemporânea, nem um retrocesso com relação ao humanismo do Renascimento e ao espírito científico do Iluminismo, tal como pensam os românticos tradicionalistas. Na realidade, a Psiquiatria Institucional é uma continuação da Inquisição. O que mudou foi apenas o vocabulário e o estilo social. O vocabulário se ajusta às expectativas intelectuais de nossa época: é um jargão pseudocientífico que parodia os conceitos da ciência. O estilo social se ajusta às expectativas políticas de nossa época: é um movimento social pseudoliberal que parodia os ideais de liberdade e racionalidade". A fabricação da loucura. Um estudo comparativo entre a inquisição e o movimento de Saúde Mental. Rio de Janeiro: Zahar Editores, 1976, p. 56.
6. De acordo com Scarlett Marton, para Nietzsche, que critica os valores do cristianismo como falsos valores, e sua moral como moral dos fracos, a Revolução Francesa, e seus ideais de igualdade e fraternidade, é filha e continuadora do cristianismo, tendo cabido

Parece-nos que sim. Desde logo, porque foi o próprio Constituinte que, já no preâmbulo da Constituição, fez consignar que a promulgava "sob a proteção de Deus"; estabeleceu a monogamia; conferiu, ainda, efeitos civis ao casamento religioso; reconheceu a união estável entre o *homem* e a *mulher*, e não simplesmente entre pessoas, independentemente da orientação sexual, restrição que terá importantes (e discriminatórias) implicações no direito civil, como, por exemplo, sobre a adoção, a sucessão, direitos previdenciários etc., decretando, assim, a clandestinidade das relações entre pessoas do mesmo sexo, bem como entre parentes, tal como a lei mosaica, que dispõe sobre os casamentos ilícitos e as uniões abomináveis. Entre nós, sequer existe a proibição (explícita) de os juízos e tribunais ostentarem símbolos religiosos, razão pela qual não é incomum encontrar algum crucifixo exposto em salas de audiência.

Semelhantemente, o Código Penal pune, entre outras coisas, o aborto, a bigamia, a mediação para servir à lascívia de outrem, o favorecimento à prostituição, a casa de prostituição, o rufianismo etc.; o mesmo ocorrendo quando a legislação especial proíbe a produção, o comércio e o porte de droga ilícita, a revelar quão presente está no direito o ideal ascético, próprio do cristianismo. É que, no particular, o legislador, tal como Moisés, está a nos dizer o que é lícito fazer e não fazer com o corpo, assim como o que é permitido e não permitido consumir/fumar.

Também é certo que muitos temas e discussões não avançam ou sequer são colocados em pauta, a exemplo do aborto e da eutanásia, justamente em razão de contrariarem os interesses da Igreja, para a qual a vida é um dom de Deus; logo, um bem jurídico de que não se pode dispor.

Mas isso não é o mais importante; o mais relevante consiste no seguinte: editar uma legislação democrática ou laica não significa, necessariamente, adotar um direito democrático ou laico, sob pena de se confundir discurso e realidade, teoria e práxis. É que o direito, uma prática social discursiva, não é só o que as leis dizem, mas, sobretudo, o que dizemos que as leis dizem, ou seja, o direito não é fato

---

ao primeiro a inversão de valores, ao segundo, a sua preservação."Scarlet Marton: Nietzsche e a Revolução Francesa", in Extravagâncias: ensaios sobre a filosofia de Nietzsche. S. Paulo: Discurso Editorial, 2001.

(um objeto físico), mas interpretação, de sorte que, em última análise, o direito não reside propriamente nos fatos ou nas normas, mas na cabeça das pessoas. Numa palavra, e conforme já o assinalamos: o direito, tal qual o justo e o injusto, o ético e o estético, é em nós que ele existe, motivo pelo qual, com ou sem alteração da redação dos textos legais, está em permanente transformação; decisivo, portanto, não é a lei, mas o homem. E se de fato somos forjados segundo a tradição judaico-cristã, segue-se que o direito expressará, necessariamente, esses valores.

Dito de outro modo: a pretexto de atuarem em nome da lei, juízes e tribunais atuariam, em verdade, em nome de Deus, o Deus do cristianismo. Afinal, embora façamos como se a religião já não houvesse impregnado e penetrado nas nossas consciências, corpos e almas, certo é que falamos, vivemos, amamos, sonhamos, imaginamos, sofremos, pensamos e julgamos segundo o ensinamento judaico-cristão, moldado por mais de dois mil anos de monoteísmo bíblico.[7]

O parecer de Onfray, ateu e hedonista, sobre tudo isso é muito claro: os três monoteísmos, movidos por sua pulsão de morte genealógica, compartem de idênticos desprezos: ódio à razão e à inteligência; ódio à liberdade; ódio a todos os livros em nome de um único (a Bíblia, o Alcorão e a Torá); ódio à vida, ódio ao corpo, aos desejos e pulsões. Em seu lugar, o judaísmo, o cristianismo e o islã defendem a fé e a crença, a obediência e a submissão, o gosto pela morte, e paixão pelo além, o anjo assexuado e a castidade, a virgindade e a fidelidade monogâmica, a esposa e a mãe, a alma e o espírito; e tudo isso significa, em última análise: "crucifiquemos a vida e celebremos o nada"![8]

---

7. Michel Onfray, op. cit., p. 243.
8. Cit., p. 91.

Capítulo 10

TRÁFICO DE DROGA: ARTIGO RETIRADO DE UM JORNAL DATADO DO ANO 2097

Quem vê hoje, com certa indiferença, nalguns cafés, boates e bares, brasileiros jovens maiores de dezoito consumirem, livremente, maconha, cocaína, cigarro, cerveja, uísque ou droga similar, ou assiste à respectiva propaganda na TV, seguida de advertência do Ministério da Saúde dos males que causam, pode não acreditar, mas há cinquenta anos, algumas dessas pessoas (traficantes de droga ilícita, como maconha ou cocaína) seriam presas e condenadas a longos anos por tráfico ilícito a penas que variavam de cinco a quinze anos de prisão, época em que tais delitos, hoje um ato legal e devidamente regulamentado, eram severamente punidos e seus autores por vezes mais estigmatizados do que ladrões. Desnecessário dizer que havia países que castigavam tais infrações com pena de morte inclusive (no dia 5 de setembro de 2007 foram executados 21 pessoas por enforcamento no Irã, totalizando 189 execuções no ano até aquela data).

E o mais estranho é que a política de repressão ao tráfico era reconhecidamente um fracasso retumbante. Sim, porque, a pretexto de combater a produção e o consumo de cocaína ou similar, a sua radical proibição produzia efeitos desastrosos: fomentava preços artificiais e absurdamente altos, tornando tais atividades extremamente rentáveis e atrativas, especialmente numa sociedade de consumo; consumidores inadimplentes eram não raro mortos por traficantes; grupos rivais travavam uma guerra sangrenta entre si e produziam mortos diários; policiais executavam traficantes e traficantes matavam policiais; balas perdidas faziam vítimas sem cessar; traficantes aterrorizavam favelas e bairros periféricos; lavava-se o dinheiro sujo em bancos, casas de câmbio e similares; corrompiam-se agentes da segurança pública quase que sistematicamente; armas de grosso calibre eram traficadas em grandes quantidades para municiarem os criminosos etc.

Enfim, longe de reprimir o comércio proibido, a lei penal servia, em verdade, para alimentá-lo e fomentá-lo, qual gasolina lançada sobre o fogo, pois produzia efeitos claramente contraproducentes ou criminógenos. Ignorava-se a advertência de que todos têm o direito de irem para o céu ou o inferno como quiserem, desde que no caminho não violem as pessoas ou seus bens (Morris e Hawkins); ignorava-se que a rigor o tráfico é um crime sem vítima, um comércio como outro qualquer, embora proibido: alguém quer consumir/comprar droga e sempre haverá quem queria vender; ignorava-se que pessoas consomem drogas (lícitas ou ilícitas) pela mesma razão que fazem sexo ou comem chocolate: o prazer, ainda que fugaz; alguns ficam viciados, outros não. Mais: drogas são neutras, como neutra é uma faca de cozinha ou um martelo, que pode ser usada para atividade doméstica, mas também para ferir ou matar alguém: a droga, o martelo e a faca são inocentes, não as pessoas que as utilizam para cometer crimes.

Sabemos hoje que proibir não é controlar; proibir, em geral, significa apenas remeter tais atividades para a clandestinidade, onde não existe controle algum. A repressão da lei penal servia assim apenas para criar uma falsa e demagógica impressão de segurança, até porque, apesar da repressão simbólica, mas que produzia vítimas reais, drogas eram produzidas em larga escala e facilmente adquiridas em todos os rincões do país.

Hoje, droga é livremente produzida por laboratórios credenciados e comercializada em drogarias e estabelecimentos similares, com controle de qualidade inclusive, em respeito ao consumidor, sujeita a pesados tributos, havendo hospitais e clínicas especializadas para tratarem de dependentes, de sorte que droga já não mais é um problema de polícia, mas um problema de saúde pública, um problema ainda grave, sem dúvida, mas que está sob controle e, mais importante, sem produzir as vítimas e os horrores do passado. Realmente a história da repressão à droga, que vitimou milhões de pessoas em todo o mundo, comprovou o acerto da política de abolição da repressão legal, coisa absolutamente impensável há meio século. Ficou claro enfim que é preciso trabalhar com o máximo de políticas sociais e com um mínimo de direito penal.

Capítulo 11

NIETZSCHE E JESUS: DOIS EXTREMOS QUE SE TOCAM?

Todo crente é de certo modo um ateu, pois a afirmação da sua crença implica quase sempre a negação de outras crenças e deuses; mais claramente: para ser cristão, é preciso negar ou ignorar o islã, o judaísmo, o budismo, o hinduísmo, a umbanda, o panteísmo, o zoroastrismo etc.; e vice-versa; ou seja, para acreditar em Javé, por exemplo, é preciso desacreditar outros deuses com a mesma autoridade ou dignidade: Zeus, Apolo, Amon, Crom, Thor, Odin, Baal, Alá, Shiva, Brahma, Vishnu, Ogum, Ísis, Iansã, Jaci e outros tantos. Por isso, o "meu Deus" e a "minha religião" excluem a crença, o deus e a religião dos outros, pois só a "minha fé" e o "meu Deus" são verdadeiros;

Somos cristãos pelas mesmas razões que somos brasileiros e não franceses ou italianos e, pois, falamos português e não francês ou italiano: somos herdeiros da colonização e toda tradição de lutas, conquistas e violências que nos precedeu, isto é, uma história de extermínio de povos, culturas, mitos, línguas, religiões e deuses. Trata-se, portanto, de algo acidental: se fôssemos colonizados pelos chineses, seríamos budistas e falaríamos chinês ou mandarim; se fôssemos colonizados pelos árabes, seríamos muçulmanos e falaríamos árabe;

Em geral toda forma de violência tem algum bom pretexto ou uma bela e sonora metáfora; em nome de Deus, por exemplo, foram cometidas as mais terríveis violências: a noite de São Bartolomeu, o extermínio dos cátaros (ou albigenses), as cruzadas, a inquisição, os massacres patrocinados por Moisés (Êxodo, 32: 27 e 28) ou Josué (6:21) e seus atuais seguidores;

O cristianismo (o islã etc.) depende do pecado e do pecador tal qual os presídios, de presos, os cemitérios, de cadáveres, os senhores, de escravos; o cristianismo (re) inventou o pecador (e o pecado) não para libertá-lo, mas para escravizá-lo (a expressão "servo de deus" não existe por acaso) e manipulá-lo; enfraquecê-lo, portanto; pior: pretende ser a cura da doença por ele criada: o pecado;

De acordo com um crente, todos, à exceção daqueles que compartilham de sua fé, estão no pecado e vão para o inferno ou algo assim; há hoje tantas denominações (algumas autênticas empresas comerciais) e doutrinas tão díspares e contraditórias (uma nova Babel) que já não temos certeza se o cristianismo é uma religião monoteísta e se ainda se venera o Cristo ou o dinheiro;

Erros, decepções, traições, doenças e mortes, por mais que nos causem dor e sofrimento, são inevitáveis e são, pois, a própria vida; tal qual os animais e plantas, nascemos, crescemos, adoecemos e morremos inevitavelmente; como os frutos de uma árvore, que precisam amadurecer, cair, apodrecer e soltar suas sementes para que outras árvores e frutos germinem e frutifiquem, assim também são os homens: nascemos para a morte e morremos para a vida (Heráclito);

Um Deus que quisesse ser adorado e não apenas temido jamais nos tentaria ou corromperia com promessas de recompensa (céu, vida eterna etc.) nem nos chantagearia com ameaças de morte, inferno etc.; nem tampouco incentivaria a subserviência, e, pois, a dissimulação, nem condenaria a crítica e a rebeldia necessárias; um Deus assim não precisaria de servos, nem estes Dele;

Eu só acreditaria num Deus que não fosse tirânico, ciumento, cruel, misógino, homofóbico, racista. Eu só acreditaria num Deus que fosse grande e justo e maduro e sábio o bastante para saber amar as pessoas como elas realmente são e não como Ele gostaria que elas fossem; eu só acreditaria num Deus capaz de perceber o que há de grande e pequeno e divino em cada um de nós para além de todo preconceito; um Deus, enfim, que tratasse judeus e palestinos, crentes e ateus, homens e mulheres, hétero e homossexuais, prostitutas e criminosos com a mesma dignidade, com o mesmo respeito; afinal, ainda que tenhamos o dom de profetizar e conheçamos todos os mistérios e toda a ciência, ainda que tenhamos tamanha fé, a ponto de transportar os montes, se não tivermos amor, nada seremos (1 Coríntios 13);

Jesus tinha razão: o reino de Deus – e também do demônio, pois são o verso e reverso de uma mesma moeda, tal qual alto e baixo, direita e esquerda, bem e mal, motivo pelo qual um não existe sem o outro – está dentro de nós (Lucas, 17:21); Nietzsche também: não existem fenômenos religiosos, mas apenas uma interpretação religiosa dos fenômenos!

Capítulo 12

A BÍBLIA É UM LIVRO FABULOSO

"**Da origem das religiões.** – Como pode alguém perceber a própria opinião sobre as coisas com uma revelação? Este é o problema da origem das religiões: a cada vez havia um homem no qual esse fato foi possível. O pressuposto é que ele já acreditasse em revelações. Um dia ele tem, subitamente, o seu novo pensamento, e o regozijo de uma grande hipótese pessoal, que abrange o mundo e a existência, surge tão fortemente em sua consciência, que ele não ousa sentir-se criador de uma tal felicidade e atribuiu a seu Deus a causa dela, e também a causa da causa desse novo pensamento: como revelação desse Deus. Como poderia um homem ser autor de uma tal beatitude? – é o que reza a sua dúvida pessimista. E há outras alavancas agindo ocultamente: o indivíduo reforça uma opinião para si mesmo, por exemplo, a considerá-la uma revelação; ele apaga o hipotético, ele a subtrai à crítica, mesmo à dúvida, e torna-a sagrada. Assim nos rebaixamos a não mais do que órgão, é certo, mas nosso pensamento acaba por triunfar, como pensamento de Deus – esta sensação, de como isso permanecer enfim vitorioso, sobrepuja a sensação de rebaixamento. Também um outro sentimento atua nos bastidores: quando alguém eleva seu produto acima de si mesmo, aparentemente desconsiderando seu próprio valor, há nisso um júbilo de amor paterno e orgulho paterno, que tudo compensa e mais que compensa."
NIETZSCHE, Friedrich. Aurora. São Paulo: Companhias das Letras, 2004, aforismo 62, p. 50.

A Bíblia é um livro fabuloso, mítico [Do gr. *mythos*, 'fábula', pelo lat. *Mythu.*].

E o é por conter todos os elementos de uma fábula, quer porque recorre a figuras míticas (deuses, anjos, demônios, heróis, dragões etc.), quer porque apela, frequentemente, à linguagem figurada (metáforas, parábolas etc.), quer porque não retrata fatos reais, mas imaginários, quer porque narra grandes histórias, quer porque encerra lições morais. E como toda fábula, admite diversas interpretações.

Mas, por se tratar de uma coletânea de contos míticos/literários, certamente o modo menos adequado de entendê-la é interpretá-la ao pé da letra, como se os fatos nela narrados tivessem realmente (historicamente) acontecido ou acontecido exatamente como constam dos livros. Como diz Paulo, a letra mata, mas o espírito vivifica (2 Coríntios 3).

Justamente por isso, quando se diz que "a fé remove montanhas" (1 Coríntios 13), não se quer dizer que, se quisermos, removermos as montanhas do Himalaia para a Bahia, por exemplo, mas que, se acreditarmos em nós mesmos e em Deus, somos capazes de vencer dificuldades aparentemente invencíveis. Se, ao contrário, nos faltar a fé em nós mesmos e em Deus, perderemos a batalha antes mesmo de começá-la. Quando se afirma que é "mais fácil um camelo passar pelo fundo de uma agulha do que um rico entrar no reino de Deus" (Mateus 19:24), não se pretende que os ricos se desfaçam de todos os seus bens em favor dos pobres, pois seria estupidez e em nada os ajudaria, mas condenar a avareza e tudo que isso implica: trabalho escravo, salários aviltantes, indiferença para com o outro etc. "E o rico deve orgulhar-se caso passe a viver em condição humilde, porque o rico passará como a flor do campo" (Tiago 1:10).

Assim, não é preciso apelar à ciência para perceber que jamais houve, tal como descrito, um Adão e Eva que foram tentados por uma serpente[1], um Jonas que passou três dias e três noites nas entranhas de um peixe, nem uma torre de Babel que deu origem aos diversos idiomas que conhecemos. Tampouco existiu quem vivesse tantos anos: Adão, 930 anos [Gn 5:5]; Sete, 912 [Gn 5:8]; Enos, 905 [Gn 5:11]; Cainã, 910 [Gn 5:14]; Maalalel, 895 [Gn 5:17]; Jarede, 962 [Gn 5:20]; Metusalém, 969 [Gn 5:27]; Noé, 950 [Gn 9:29] etc. E a jumenta de Balaão nunca falou com ele [Nm 22:28-30], exceto num sentido figurado.

---

1. De acordo com Joseph Campbell, trata-se, em verdade, de uma divindade antiga: "Na cena de Eva junto da árvore, por exemplo, nada é dito para indicar que a serpente que apareceu e falou com ela era uma divindade legítima, reverenciada no Levante durante pelo menos sete mil anos antes da composição do Livro do Gênese". As Máscaras de Deus. Mitologia Ocidental. São Paulo: Palas Athena, 2004, p. 18.

Como demonstra Joseph Campbell, tudo isso é mitologia recontada a partir de mitos mais antigos. O mundo – escreve Joseph Campbell - está repleto de mitos de origem e todos são falsos do ponto de vista dos fatos. Interpretar um poema como crônica da realidade é – para dizer o mínimo – perder o essencial. O antigo testamento não resultou do talento literário de Deus, mas do homem e, como tal, não da eternidade, mas de uma época e, concretamente, de uma época muito conturbada.[2]

A religião (judaica, cristã, islâmica, hindu, budista etc.) é, pois, a própria mitologia com outro nome.[3] Ou, ainda, mitologia é a religião dos outros (povos e indivíduos).

Em suma, os livros tidos por sagrados não são obra de Deus, mas obra dos homens, pois foram produzidos por homens e para os homens; e são os homens, e não Deus, que os pretendem sagrados e combatem por isso. Os deuses (ao menos os que conhecemos) são, enfim, criados à imagem e semelhança do homem, e não o contrário. E isso também vale para o Deus de Espinosa e outros tantos.

Apesar disso, uma parte importante dos crentes interpreta os textos religiosos literalmente, isto é, como se os fatos tivessem ocorrido precisamente como descrito. E muitos estariam dispostos a morrer e matar pelo "Senhor dos Exércitos".

Por que é assim? Por que se toma tais fábulas tão ao pé da letra?

Há muitas explicações possíveis.

A primeira: em geral, só levamos a sério a religião que nos foi ensinada. Não cultuamos deuses ou religiões que desconhecemos ou que conhecemos só por ouvir falar. Somos indiferentes e, por vezes, desprezamos a religião alheia, tomando-a como superstições ou crendices. Assim, por exemplo, é comum ver, aqui no Brasil, evangélicos condenarem o candomblé e a umbanda. A religião é, por conseguinte, um elemento cultural: aprendemo-la como aprendemos nosso próprio idioma.

---

2. As Máscaras de Deus. Mitologia Ocidental. São Paulo: Palas Athena, 2004, p. 87.
3. Como escreve Ernest Cassirer, "não há diferença radical entre o pensamento mítico e o pensamento religioso. Ambos se originam dos mesmos fenômenos fundamentais da vida humana. No desenvolvimento da cultura humana não podemos fixar um ponto onde termina o mito e a religião começa. Em todo curso da história, a religião permanece indissoluvelmente ligada a elementos míticos e repassada deles." Antropologia filosófica. São Paulo: Editora Mestre Jou, 1972, p. 143.

A segunda: pessoas há com predisposição para acreditar em Deus, e outras não. As primeiras seriam crentes em qualquer lugar do mundo: budistas, se nascidas na China; xintoístas, se socializadas no Japão; muçulmanas, se árabes. Também por isso, não raro associam tudo que lhes ocorre à providência divina.

A terceira: somos herdeiros de uma cultura que desconhece ou abomina o pensar crítico, especialmente quando se trata de questionar a religião dominante. Somos produtos de uma socialização/educação fortemente opressora. Nesse contexto, ser ateu ou agnóstico soa como transgressão ou maldade. E a religião é uma forma poderosa de manter o *status quo*.

A quarta: assim, frequentemente as pessoas carecem de senso crítico e jamais questionaram a tradição em que estão inseridas, especialmente a tradição religiosa, inclusive porque tal é, em geral, condenado. O verdadeiro crente é obediente e não duvida. "Mas aquele que tem dúvidas, se come, está condenado, porque não come por fé; e tudo o que não é de fé é pecado". (Romanos 14:23).

A quinta: a fé significa para o crente, em geral, conformismo, bem-estar e, eventualmente, sucesso e prosperidade. Nada se tem a ganhar, em princípio, sendo ateu ou agnóstico.

A sexta: no fundo, é irrelevante, para quem crer, se as escrituras são ou não uma fábula, se reproduzem ou não mitos antigos. O que de fato importa não é propriamente a fé, mas o que se pode obter por meio dela. Não se ama um Deus fraco; ama-se sempre um Deus poderoso, isto é, que pode recompensar (vida eterna etc.) a obediência e o sacrifício e intervir em nosso favor. "Deus é fiel para os que o amam e guardam os seus mandamentos" (Deuteronômio 7:9). Afinal, não amamos algo por ser verdadeiro, mas por aumentar o nosso sentimento de poder.

A sétima: a fé funda-se no medo, medo de ser mal visto, de ser excluído socialmente, de adoecer, de queimar no fogo do inferno e tudo mais. É preciso ser *temente* a Deus.

A oitava: a religião é uma forma importantíssima de exercício de poder. Quem fala em nome de Deus pode praticamente tudo ou quase tudo. Obedecer a Deus é, pois, obedecer a quem pode legitimamente invocar a sua autoridade e agir em seu nome.

A questão mais relevante, porém, parece residir em que o elemento mítico está presente em todas as formas de expressão do homem, e não só na religião: a linguagem, a música, a literatura, a política, o direito e a moral. Ou seja, parafraseando Ernst Cassirer, cabe dizer: "o homem é um animal mítico".

Afinal, como escreveu Max Müller, "mitologia, no mais elevado sentido da palavra, significa o poder que a linguagem exerce sobre o pensamento, e isto em todas as esferas possíveis da atividade espiritual".[4]

---

4. *Apud* Ernst Cassirer. Linguagem e mito. São Paulo: Perspectiva, 2006, p. 19. De acordo com Cassirer (cit., p. 64), "a consciência teórica, prática e estética, o mundo da linguagem e do conhecimento, da arte, do direito e da moral, as formas fundamentais da comunidade e do Estado, todas elas se encontram originariamente ligados à consciência mítico-religiosa".

Capítulo 13

CONVERSANDO COM DEUS

– Senhor: apesar da minha fé, tenho algumas dúvidas e gostaria de revelá-las.

– Claro...

– Em primeiro lugar, sei que a história refere um sem-número de religiões (e deuses e demônios): judaísmo, budismo, umbanda, cristianismo, hinduísmo, islamismo, xintoísmo, só para citar algumas das mais conhecidas. E se pensarmos nas religiões extintas (e deuses e demônios mortos), a relação não teria fim; por isso, tenho por vezes a impressão de que as religiões e os deuses, à semelhança das línguas, variam no tempo e no espaço. Então me pergunto: por que esta religião que adotei e não outra; por que este Deus e não outro(s)? Onde fica o cemitério (e berçário) dos deuses?

– Eu poderia responder a isso de muitas formas, mas vou fazê-lo assim, simplificando um pouco: todas as religiões (e deuses) citadas são apenas nomes para designar uma mesma experiência, a experiência com Deus. Deus é uno e múltiplo. Não surpreende assim tantos nomes; ao fim, tudo é uma só e mesma coisa. Não importa, portanto, o nome do Deus (Odin, Thor, Alá, Jeová, Jesus, Zeus, Isis, Amon-Ra ou Huitzilopochtli) ao qual tu associas a tua crença, porque todos os deuses têm, em princípio, o mesmo valor e legitimidade. O contrário seria apenas intolerância, ignorância e eventualmente fanatismo.

– Então, Senhor, o pecado capital residiria na falta de religião, na falta de um Deus, isto é, no ser ateu, no ser agnóstico.

– Eu não disse isso; és tu que o dizes. Aliás, foi sempre assim: são os homens que dizem o que os deuses (supostamente) dizem. Eu afirmaria que, em verdade, uma crença (ou sua falta) por si só não torna alguém nem melhor nem pior. Não preciso, para prová-lo, citar os dissimulados, os mesquinhos e toda sorte de criminosos com ou sem religião.

– Senhor: ocorre-me, por vezes, que, mesmo quando pensamos na mesma religião (v.g., o cristianismo), não estamos, a rigor, pensando nas mesmas coisas; sim, porque há tantas religiões, denominações e doutrinas tão díspares, que há pouca coisa realmente em comum entre elas. Enfim, parece que cada padre, cada pastor, cada apóstolo e cada crente, a pretexto de falar de Deus e da Bíblia, está em verdade a falar de suas próprias experiências.

– Talvez tenhas razão e talvez isso explique a existência de tantas religiões, de tantas denominações, de tantas divergências. De todo modo, a diversidade em princípio afirma a vida e não o contrário.

– Devo confessar ainda, Senhor, que sou um tanto cético; agora mesmo eu me pergunto se essa nossa conversa não é uma ilusão, isto é, um diálogo com um personagem (Deus) imaginário, logo, um monólogo, de sorte que, a rigor, eu estaria a falar comigo mesmo.

– Bem, tenho que só tu podes responder a isso. De todo modo, foi dito que o reino de Deus está dentro de nós (Lucas: 17:21).

– E já que estou em Vossa Presença, às vezes me questiono, apesar da minha fé, se Deus não seria uma invenção humana.

– Sim e não. De fato, os homens inventam seus deuses à sua imagem e semelhança e conforme as suas necessidades e os seus interesses. Mas a recíproca é também verdadeira: Deus (s) criou o homem. É que o homem e Deus são uma só e mesma coisa. De sorte que os homens, a pretexto de falar de Deus (ou do demônio), estão em verdade a falar de si mesmos, atribuindo-lhe as suas próprias qualidades, virtudes etc. – reais ou imaginárias; por isso é que seus deuses são inevitavelmente antropomórficos, com sentimentos e emoções próprias dos homens. Assim, homens medíocres e intolerantes inventam deuses também medíocres e intolerantes; homens grandes, deuses grandes; homens mesquinhos e preconceituosos, deuses mesquinhos e preconceituosos. E a cada experiência religiosa um novo Deus se reinventa. Porque Deus é o homem e o homem é Deus.

Capítulo 14

DIÁLOGO ENTRE UM CRISTÃO E UM ET

– Estamos pensando em divulgar o evangelho no seu planeta para trazer-lhes a salvação.
– Evangelho? Salvação? Não entendi.
– Quis dizer que, não tendo os senhores religião alguma, pretendemos ajudá-los a conhecer a Verdade da Palavra.
– Verdade? Palavra? Continuo sem entender.
– Explico: fomos todos, os senhores, inclusive, criados por um Deus todo poderoso, que enviou seu filho Jesus, o qual foi sacrificado para nos salvar do pecado.

O ET pensou consigo mesmo: ele nada sabe sobre nós, mas é capaz de doutrinar sobre nosso destino. E disse:
– Acho que o que senhor pretende divulgar entre nós é o que conhecemos aqui como Mitologia Primitiva.
– Não, não é isso, eu estou falando da Verdade emanada do livro sagrado: a Bíblia.
– Livro sagrado? Eu poderia vê-lo? – recebe um exemplar e lê em poucos minutos com auxílio de um tradutor. – É um texto interessante, na verdade, vários textos, compilados, recompilados, traduzidos e retraduzidos, escritos, reescritos e revisados milhares de vezes. E remontam a épocas bem distintas entre si, e, claro, é uma obra coletiva.
– Não é isso; o senhor não entendeu; trata-se de um texto harmonioso, preciso, realista, que expressa, sem um mínimo de contradição, a mais exata palavra do Criador; tudo foi escrito sob Inspiração Divina.
– Entendo. Imagino que existam centenas de livros semelhantes entre os Senhores, referindo outros deuses, inclusive.

– Certamente. Mas este é o único verdadeiro, os demais são falsos ou apócrifos.

– Bem, isso já é interpretação, e, convenhamos, uma interpretação um tanto ingênua e até presunçosa. Veja: para nós, o mundo está repleto de mitos de origem, e todos são falsos do ponto de vista dos fatos; e nenhum dos livros ditos sagrados resultou do talento literário de Deus, mas dos seres (Campbell, Joseph. As Máscaras de Deus. *Mitologia Ocidental*. São Paulo: Palas Athena, 2004).

– Compreendo sua resistência inicial, afinal é seu primeiro contato com a palavra de Deus.

– Talvez. De todo modo, isso é exatamente o que nós chamamos aqui de mitologia primitiva, um relato de fábulas infantis.

– Que seja; ainda assim, o senhor não estaria disposto a ouvir o conteúdo essencial das sagradas escrituras?

– Claro, sou todo ouvidos.

– Pois bem, antecipo que se o senhor se converter, será salvo do pecado e terá a vida eterna.

– Vida eterna? Pecado?

– Sim, exatamente, depois da morte física, como o Senhor Jesus, o senhor ressuscitará entre os mortos e viverá para sempre, eternamente.

– Acho que uma tal doutrina não tem chances de vingar entre nós.

– Por que não?

– É que, para nós, uma vida eterna soaria não como salvação, mas como maldição.

– Maldição?

– Sim, é que podemos viver até cerca de 1.000 anos, mas costumamos, por decisão própria, morrer por volta dos 500 anos, ingerindo a pílula da morte voluntária; logo, uma vida eterna seria um castigo. É que, para nós, a morte é boa, necessária, inevitável, e não um mal a ser temido. Cremos que, como parte da natureza, tudo no mundo deve necessariamente nascer, crescer e morrer, pois do contrário a vida seria impossível ou insuportável. Aliás, de acordo com o texto que acabei de ler (cita textualmente): "O destino do homem é o mesmo das plantas, insetos e animais: nascer, crescer, envelhecer, morrer; o mais é vaidade. Porque o que sucede aos filhos dos homens sucede aos animais; o mesmo lhes sucede: como morre um, assim morre o outro, todos têm o mesmo fôlego de vida, e nenhuma vantagem tem o homem sobre os animais; porque tudo é vaidade. Todos vão para o mesmo lugar; todos procedem do pó e ao pó tornarão" (Eclesiastes 3:19-20).

– E as doenças? As suas doenças serão curadas.

– Doenças? Mas nós raramente adoecemos e, quando isso ocorre, a medicina nos socorre com grande êxito, em praticamente 100% dos casos. Mas estou curioso sobre a doutrina do pecado; fale-me sobre o pecado; o que é o pecado?

– Em resumo, o pecado é uma violação das leis de Deus, especialmente uma violação aos dez mandamentos: não matar, não cobiçar a mulher do próximo etc.

– Entendo. Entre nós, quase não existe homicídio; por isso, sequer cogitamos de criar regras para proibi-lo. De todo modo, se tal ocorrer, é possível ressuscitar a vítima por meio de transplantes ou similar, pois a nossa medicina é muitíssimo avançada. Quanto a cobiçar a mulher do próximo, não existe entre nós essa "mulher do próximo" ou "homem do próximo", porque entre nós as pessoas são livres para disporem de seu corpo como quiserem. E embora existam relações estáveis entre nós, não existe o que o senhor. chama de casamento; e nem faz sentido a ideia de adultério. Portanto, não existindo a regra, não existe violação à regra, logo, seria inconcebível a ideia de um tal pecado. De mais a mais, a prática do sexo é entre nós um ritual sagrado ou quase sagrado, além de muitíssimo saudável; praticamos de todas as formas possíveis: tântrico, telepático, virtual etc. Mais: sexo é pressuposto da própria vida.

– Pelo que vejo, os senhores são uns pervertidos.

– Também a ideia de perversão, como a de pecado, não faz sentido entre nós. Mas não é só: proibir desejos e paixões seria uma regra artificial e contra a vida que, no máximo, nos levaria à dissimulação e à própria perversão, de sorte que a regra seria pior do que a sua violação. De todo modo, parece-nos um tanto bizarro que um Deus se ocupe de detalhes da vida sexual de alguém e procure regrá-la.

– Parece que vai ser difícil doutriná-los, mas eu não tenho dúvida de que conhecerão a Verdade e a Verdade os libertará.

– Ou escravizará – disse baixinho.

– O mais importante, no entanto, é que os senhores saibam que Deus concebeu seu filho Jesus da virgem Maria, Jesus foi sacrificado para nos salvar, ressuscitou entre os mortos e é o caminho, a verdade e a vida, e, portanto, a chave para redenção de nossos pecados.

– Continuo sem entender: o senhor fala que não se deve cobiçar a mulher do próximo, mas defende um Deus que gera um filho numa mulher casada; fala de amor, e, no entanto, refere um Deus que oferece seu próprio filho inocente em holocausto. Doutrina estranhíssima. –Uma maluquice, pensa consigo mesmo.

– Estranhíssima para alguém sem fé, mas não para quem conhece a Verdade e sabe que a Verdade liberta.

– Bem, eu espero que o senhor consiga ao menos ser ouvido na sua pregação, mas não diga que não o adverti de que semeará em solo infértil.

– Veremos.

Capítulo 15

PERSPECTIVISMO

O que é bom?

Bom é tudo que interpretamos como tal: comer uma boa comida, receber uma boa notícia, fazer um bom negócio. O contrário é mau: comer uma má comida, receber uma má notícia, fazer um mau negócio.

Mas, se bom é tudo que interpretamos como tal, então a bondade (a virtude, a justiça etc.) não é uma qualidade da coisa em si, mas uma relação entre a pessoa e a coisa assim designada.

Exatamente.

Bem, se é assim, então qualquer coisa pode ser considerada boa, se a interpretarmos como tal, ainda que nociva ou má para outrem.

Correto. Bom, para o amante, é amar; para o escritor, escrever; para o ladrão, furtar; para o usuário de droga, drogar-se; pouco importando o mal que isso pode causar a si mesmo ou aos outros.

Se é assim, então o que é bom, na perspectiva de um, pode ser mau na perspectiva de outro. É possível que haja acordo (ou desacordo) por motivos diversos, inclusive.

Certamente. A bondade – e também a maldade - é uma perspectiva de alguém sobre algo.

Mas, será que não existe algo que esteja além da perspectiva, que é bom universalmente, isto é, independentemente da perspectiva de alguém em particular?

Dir-se-ia, talvez, Deus.

Ocorre que Deus (ou os deuses) não fala senão por meio dos homens. E cada homem tem sua própria ideia de Deus e de seus propósitos.

Também aqui, portanto, não há como transcender às perspectivas particulares.

Mas, se todos concordamos com algo, e se existe esse algo com o qual concordamos, então deve existir algo que transcende à perspectiva.

Não consigo imaginar nada assim.

De todo modo, a eventual unanimidade sobre alguma coisa significa apenas que há uma unanimidade de perspectivas sobre esse algo, mas não significa que a perspectiva não exista. Exemplo: é possível imaginar uma sociedade de tal modo religiosa que todos estão de acordo em admitir a existência de Deus, e um único Deus.

Mas isso não prova, a rigor, a existência de Deus; prova, isto sim, uma concordância de todos sobre essa crença em particular. Enfim, a fé em Deus (ou em qualquer outra coisa) prova a fé mesma, mas não a existência de Deus. De mais a mais, trata-se de uma ficção, visto que nada existe no mundo que não comporte alguma forma de dissidência ou divergência.

Porque o que quer que possa ser pensado, por quem quer que seja pensado, como quer que seja pensado, sempre poderá ser pensado de diversas outras formas e, pois, conduzir a resultados também diversos.

Talvez a única exceção a isso seja a matemática, afinal ninguém duvida de que 2 + 2 são 4, e não 5 ou 7.

De fato. Mas a matemática é um saber artificial e de todo modo pressupõe um acordo sobre isso.

Ainda que assim seja, parece indiscutível que preferimos a verdade à mentira, a bondade à maldade, a justiça à injustiça.

Concordo. É que, em princípio, a verdade nos fortalece e a mentira nos enfraquece (socialmente), tornando-nos desacreditados, vulneráveis etc.

Tanto é assim que sempre que a verdade nos ameaça, nos põe em perigo, não hesitamos em mentir. Assim, por exemplo, quando sofremos uma acusação grave, não pensamos duas vezes em negar a verdade. Além disso, nem sempre a verdade é preferível à mentira (*v.g.*, se, para proteger ou salvar alguém, precisamos mentir).

Em suma, não amamos a verdade nem odiamos a mentira, mas o que podemos obter por meio delas. Poderíamos dizer o mesmo de Deus etc. Ninguém, rigorosamente falando, ama Deus, mas o que pode obter por meio da fé (saúde, prosperidade, vida eterna etc.). Ninguém ama um Deus fraco ou impotente.

Mas não há algo em comum entre essas várias perspectivas? O que nos move a interpretar uma coisa como boa e outra como ruim, por vezes a mesma coisa, inclusive, em momentos distintos? Parece que comum a todos os nossos juízos de valor (bom, justo, belo etc.) é a sensação (consciente ou inconsciente) de aumento de poder. Assim, bom é tudo que aumenta o nosso sentimento de poder. E ruim é tudo que nos causa a sensação contrária, de diminuição do sentimento de poder.

Quero dizer que julgamos má a doença, a perda de alguém ou de algo que nos é caro, a morte etc., porque experimentamos uma diminuição do nosso sentimento de poder, um enfraquecimento. Enfim, mau é tudo que nos diminui, nos enfraquece, nos ameaça.

Parece-me que a doença e a morte não são necessariamente assim, isto é, nem sempre importam numa diminuição do sentimento de poder.

De fato, também a morte (a doença etc.) pode significar, em casos extremos, um aumento desse sentimento de poder. Assim, por exemplo, a morte, na perspectiva de um doente terminal, que já não vê sentido algum na vida, ou do suicida acometido de profunda depressão. A morte pode, pois, representar um alívio, isto é, o fim de uma vida atormentada e sem sentido. A morte pode ser, portanto, um bem na perspectiva de quem, nesse contexto, a experimenta.

E, mais, se, imediatamente, os parentes têm razão para lamentar a morte, a doença etc.; a médio prazo, seus herdeiros talvez tenham razão para que o morto jamais ressuscite.

Naturalmente que esse sentimento de aumento de poder não é imutável e, havendo mudança, mudam também nossos julgamentos. Assim, por exemplo, nossos amigos (esposas etc.) são bons enquanto interpretamos a sua amizade (companhia etc.) como aumento de poder. Se, ao contrário, essa amizade passar a ser perigosa, ameaçadora etc., em razão de infidelidade, por exemplo, não raro passamos a perceber e a tratar um velho amigo (esposa etc.) como inimigo.

Enfim, nossos amigos são as pessoas com as quais partilhamos uma expansão do sentimento de poder em suas múltiplas configurações (proteção, prazer, confiança, afinidade, conhecimento, prosperidade etc.) e inimigas são aquelas pessoas que nos causam o sentimento contrário - e enquanto esse sentimento persiste.

Capítulo 16

TODOS TÊM RAZÃO

– O senhor costuma citar Protágoras, que dizia: "as afirmações contrárias são igualmente verdadeiras". O que isso significa?

– Que tudo é e não é verdadeiro. Que a verdade, como as cores, admite infinitas variações.

– Quer dizer que não existem verdades?

– Sim e não.

– Como assim?

– Quero dizer que, quanto à religião, por exemplo, tem razão o ateu quando diz que Deus não existe; que é uma invenção da mente. Que tem razão o crente quando diz o contrário, que Deus precede a tudo, que é um ser não criado e criador. Que têm razão, igualmente, judeus, cristãos, muçulmanos, budistas, hindus etc., relativamente à sua fé. Que nós interpretamos o mundo segundo as nossas necessidades (Nietzsche).

– Pode ser mais preciso?

– Quis dizer que a verdade é sempre a "minha verdade", a qual não exclui outras tantas. Que não existe verdade independentemente do sujeito que a percebe/produz. Que não é a interpretação que depende da verdade, mas justamente o contrário, que é a verdade que depende da interpretação.

– Entendo. Mas, se todos têm razão, então, *vale tudo*.

– Parece que sim.

– Essa doutrina, radicalmente relativista, não é um tanto perigosa?

– Não digo nada que não tenhamos visto e testemunhado desde sempre. Nada é perigoso em si mesmo. Tudo depende de como interpretamos e agimos.

– O senhor pode dizer o que tenho nas mãos?
– Pedras.
– Quantas?
– Cinco pedras.
– Se vejo um corpo em decomposição com o tronco separado da cabeça, o que vejo?
– Um corpo em decomposição, um cadáver.
– Se é assim, então a verdade existe.
– Existe, sim, como "minha" verdade, como "nossa" verdade. E, claro, como uma verdade humana, antropomórfica, que não vale, ou não vale necessariamente, para outros seres vivos.

Se alguém dissesse que não vê pedras, mas uma mão vazia ou que vê jabuticabas, ou que vê um ser ainda vivo, e não um cadáver, diríamos que se trata de um cego ou um louco.

– Concordo; mas, ainda assim, seria uma interpretação, seria a nossa verdade, a verdade dos que se pretendem normais, contra a verdade de alguém que julgamos cego ou louco. O mesmo vale, *mutatis mutandis*, para a religião e outros assuntos: para um ateu radical, o crente é um louco, um tolo etc. Já, para o crente, louco é precisamente o ateu.

– O senhor compara coisas incomparáveis.

– Toda comparação é de algum modo arbitrária.

– Quando aplicada à religião, parece que semelhante doutrina é louvável por conduzir à tolerância. Mas, se aplicada à política, por exemplo, pode legitimar políticas de exclusão e de extermínio.

– Se eu dissesse o contrário, nada mudaria quanto a isso.

– O senhor ainda não respondeu a minha pergunta...

– O que eu penso sobre política fica para outra vez.

Capítulo 17

DIÁLOGOS SURREAIS (I)

– Senhor, temos de escolher um ministro para o Supremo Tribunal.
– Ministro da maçonaria?
– Não, senhor, da Justiça.
– A propósito, diga que hoje eu quero comer *supremo* de frango.
– Certo. Eis os nomes...
– Hum... Esse rapaz não é o Zequinha, filho do Joãozinho?
– Exatamente.
– Então ele será o ministro.
– Mas, senhor, ele nem sequer é formado em Direito. A lista tem grandes personalidades do Direito, gente muito mais capacitada.
– Quem pediu a sua opinião? O menino é filho do meu amigo e eu devo muitos favores a seu pai. Além do mais, esse pessoal do Direito é um povinho tirado a besta que acha que decorar artigos de lei é uma ciência. Tá decidido: o Zequinha é o escolhido.
– Bem, o senhor é quem manda.
Algum tempo depois:
– Senhor, acabei de falar com o Zequinha; ele ficou felicíssimo e prometeu nunca decepcioná-lo e que saberá retribuir o seu grande gesto e que o senhor pode contar com ele para o que der e vier. Disse, ainda, que terá a melhor assessoria possível, pois não sabe patavinas de Direito.
– Está vendo aí? É disso que precisamos, de gente grata, o mundo hoje só tem filho da p... A competência é secundária e, com frequência, só atrapalha. Esse povo tirado a competente só quer ferrar conosco, né?
– Com certeza.

– Senhor, temos outra questão espinhosa.
– Qual é?
– Esse deputado Zé Piaba... O pessoal do Congresso e a imprensa querem que o senhor se posicione sobre a sua permanência naquela comissão importante.
– Sei... Mas não foram eles que o indicaram? O que eu tenho a ver com essa por...?
– Pois é. Dizem que o homem é um estelionatário, mas o que incomoda mesmo são suas declarações racistas e homofóbicas.
– Como racista? Ele não é negro? Como um homem negro pode ser racista e profanar a religião dos seus ancestrais? Ô sujeitinho burro!
– E homofóbico...
– Homofóbico? Mas, como? Não é ele que diz ser metrossexual? E o metrossexual não é uma espécie de homossexual?
– Não, o senhor está enganado. Realmente, ele faz escovinha, alisamento, apara as sobrancelhas e se depila; dizem até que até usa batom e pinta as unhas; mas, com certeza, não é homossexual!
– Eu não entendo mais nada. É incrível como as coisas mudaram. No meu tempo isso tinha nome, era xi...
– Senhor, cuidado com as palavras! Pode haver algum tipo de escuta por aqui.
– Tá certo. Bem, esse Zé Piaba parece ser um canastrão, mas ele está com o nosso partido e deve continuar onde está. Diga a esse pessoal que eu não tenho nada a dizer sobre isso, que o assunto é da competência do parlamento.
– Perfeito.

Capítulo 18

DIÁLOGOS SURREAIS (II)

– Senador, vim discutir o projeto que legaliza a prostituição.
– Prostituição? Essa expressão é muito forte, deputado. Trata-se de um projeto que regulamenta o comércio do prazer. De mais a mais, não existe mais essa coisa de prostituta. Essas moças e rapazes são, em verdade, modelos, dançarinas etc.
– Pelo visto, o projeto conta com a simpatia de vossa excelência.
– E como não? Aqui entre nós, a solidão na capital é terrível, esposa e amigos distantes, o senhor sabe... O jeito é buscar um serviço desse... É seguro e sai baratinho.
– Entendo. Mas, senador, não podemos ser favoráveis a esse projeto imoral; já pensou se isso passa? Isso é um absurdo! Além do mais, o povo é contra, e nós somos os legítimos representantes do povo.
– Representantes do povo? O senhor realmente acredita nisso? O senhor já reparou que aqui tem lobby de tudo, menos o lobby do povo? Não me venha com essa conversa fiada, deputado!
– Não é bem assim, senador. Nós fomos eleitos pelo povo que nos outorgou procuração para representá-lo. E a representação é inerente ao sistema democrático contemporâneo.
– O senhor é mesmo bom de metáforas. De todo modo, se isso for verdade, o povo tá lascado, deputado. Porque, como disse outro dia o deputado Chiquinho, o parlamento tem mais de 300 picaretas. Aliás, seria mais exato dizer que tem mais de 300 idiotas.
– O senhor já está sendo deselegante, senador. Como assim, 300 idiotas?
– Ora, deputado, sejamos francos: a grande maioria aqui são analfabetos funcionais, gente que não tem a menor noção do seu

papel constitucional. Boa parte nunca leu a Constituição; e, se ler, não entenderá patavinas.

– Senador, o senhor está exagerando. Veja o deputado Xaropinho, por exemplo: ele é um homem inteligente, culto, consciente de seu papel político; conhece Platão, Aristóteles, Maquiavel, Kant, e faz conferência no Brasil e no exterior. E é um homem honestíssimo e respeitadíssimo.

– Tem razão, deputado. Mas ele é a exceção da exceção. A regra aqui é a total ignorância. Por essas e outras é que eu defendo um parlamento mínimo, um sistema unicameral, com, no máximo, 100 parlamentares, tal como propõe aquele jurista italiano... O... Frajola, acho...

– Não é Frajola, não, senador; Frajola é o gato do desenho animado "Frajola e Piu-piu". O senhor deve estar se referindo a Ferrajoli, Luigi Ferrajoli, filósofo e jurista italiano, que defende essa ideia no livro "*Principia iuris*".

– Exatamente, deputado! O senhor é mesmo f...

– Mas falemos do projeto...

– O tempo passou, senador. Melhor falarmos disso outra hora.

Capítulo 19

O BURRICO QUE QUIS SER DOUTOR

– Senhor, como sabe, há 20 anos me dedico à causa da educação e julgo assim ser também merecedor do título de doutor, ainda que *honoris causa*...

– Era só o que faltava: um burro doutor.

– Já houve um cavalo senador...

– Eram outros tempos... Seu pedido é absurdo.

– Absurdo? Conduzi professores para os quatro cantos do mundo, visitei as mais importantes instituições de ensino e assisti a milhares de aulas e palestras. Sou capaz de reproduzir algumas de cor, inclusive.

– Compreendo. Mas a sua situação é diferente. Primeiro, por ser um jumento, embora bom e dócil, um jumentinho. Segundo, porque, na melhor das hipóteses, só é capaz de repetir, sem criar absolutamente nada.

– Ora, ora, nisso somos iguais, afinal só fazemos ruminar o que outros pensaram ou disseram. Que são nossos atuais professores senão uma espécie singular de papagaio?

– Não é bem assim, evidentemente. Isso já é uma injúria.

– Injúria? Que são essas monografias, dissertações e teses senão uma reprodução servil dos pensadores originais? E que são esses arremedos de aula que consistem na leitura de *data show*, Power Point e outras muletas?

– Reconheço que você tem razão em parte, mas exagera, obviamente.

– Exagero? Veja, por exemplo, o doutor Ave Rara, o currículo tem mais de cem páginas, repleto das informações mais insignificantes, ocupou os cargos mais importantes da instituição, mas, como sabemos, nunca disse ou escreveu nada relevante.

– Quanto ao Dr. Ave Rara, estamos todos de acordo. Pessoalmente, aliás, vejo, com especial desconfiança autores que se propõem a interpretar outros autores e os que amam escrever de modo abstruso. Sem falar nessas criaturas servis que rastejam como vermes por cargos administrativos. De certo modo, as universidades de hoje são as senzalas de ontem. Pagam uma miséria e atraem, com frequência, o que há de pior no mercado. Hoje ser bom professor significa, por isso, ser servil e produzir muito, ainda que isto signifique produzir lixo.

– Quanto a isso, nem preciso dizer que, como burrico, carreguei centenas de teses para o lixo por determinação do senhor... Aliás, esse tem sido o destino de quase todas tão logo defendidas.

– Realmente. Mas, por favor, vamos manter isso em segredo.

Capítulo 20

ENTREVISTA CONCEDIDA PELO FILÓSOFO F. NIETZSCHE

1) Apesar de não ter se dedicado especificamente ao direito, o direito não é um tema estranho à sua filosofia...

NIETZSCHE: Certamente. O que se poderia chamar de a minha *filosofia do direito* está em grande parte na minha *genealogia da moral*. De todo modo, como para mim o direito é uma continuação da moral por outros meios, e como a moral é um dos meus temas mais frequentes, penso que parte importante da minha filosofia lhe é aplicável.

2) O que o senhor entende por direito?

NIETZSCHE: Parece-me que o que escrevi sobre a verdade é perfeitamente aplicável ao direito. Eis o que escrevi (fazendo as adaptações necessárias) num pequeno ensaio (verdade e mentira): "O que é, pois, o direito? Um exército móvel de metáforas, metonímias, antropomorfismos, numa palavra, uma soma de relações humanas que foram realçadas poética e retoricamente, transpostas e adornadas, e que, após uma longa utilização, parecem a um povo consolidadas, canônicas e obrigatórias: o direito é uma ilusão da qual se esqueceu que ele assim o é". Ou, se preferir, eu poderia me valer também do que escrevi sobre a moral para dizer: "Minha sentença principal: não há nenhum fenômeno jurídico, mas, antes, apenas uma interpretação jurídica desses fenômenos. Essa interpretação é, ela própria, de origem extrajurídica".

Enfim, o que os senhores pretendem como sendo o Direito é apenas uma palavra para a vontade de poder, de sorte que quem tem o poder cria o direito; quem não o tem o sofre. Afinal, só é direito o que o poder reconhece como tal. Basta pensá-lo e contextualizá-lo historicamente.

3) Mas isso não é uma excessiva relativização? Se for assim, então tudo pode ser direito (matar, roubar, estuprar etc.).

NIETZSCHE: Mas tudo isso é e sempre foi praticado em nome do direito. O que é, afinal, o aborto legal senão uma autorização para matar um ser indefeso? O que é a pena de morte senão um homicídio? O que é a legítima defesa senão uma legitimação para ferir, matar etc.? O que é o agente infiltrado senão uma autorização para cometer toda sorte de crimes? E o que são as penas e medidas de segurança senão sequestros legais?

A minha resposta é, pois, sim! Matar, roubar, estuprar pode ser conforme o direito (ou contra o direito), inclusive porque o que seja "matar", "roubar", "estuprar" e as possíveis formas de legitimação dessas ações não estão previamente dadas, apesar de existir grande consenso sobre tais assuntos. Kelsen (*in* teoria pura) tinha razão, portanto, quando dizia que o absurdo pode ser direito.

Enfim, é o poder (um conjunto de relações histórica e permanentemente em construção) que, em última análise, cria e extingue estados, promulga leis e revoga constituições, institui exércitos e parlamentos, declara a guerra e a paz, forja deuses e demônios, distingue mito e realidade, saber e ignorância, bem e mal, verdade e mentira, direito e torto.

4) Se o senhor estiver correto, então uma sociedade de criminosos também teria direito?

NIETZSCHE: Sem dúvida, embora não seja o direito oficial ou o tipo de direito que o senhor gostaria de ver instituído/reconhecido, possivelmente. Se o senhor tiver alguma dúvida quanto a isso, consulte, a propósito, o estatuto do PCC (Primeiro Comando da Capital), que tem como princípios declarados: "1. Lealdade, respeito e solidariedade acima de tudo ao Partido. 2. A luta pela liberdade, justiça e paz. 3. A união da luta contra as injustiças e a opressão dentro das prisões." Diz ainda (9) que "o partido não admite mentiras, traição, inveja, cobiça, calúnia, egoísmo, interesse pessoal, mas, sim, a verdade, a fidelidade, a hombridade, a solidariedade e o interesse como o bem de todos, porque somos um por todos e todos por um".

Repito que o direito é um conjunto móvel de metáforas e metonímias produzidas pelas relações de poder; ou, como diz Pierre Bourdieu (*in* o poder simbólico), "o que faz o poder das palavras e das palavras de ordem, poder de manter a ordem ou de subvertê-la, é a crença na legitimidade das palavras e daquele que as pronuncia, crença cuja produção não é da competência das palavras".

E mais: não seria direito o direito antigo pelo só fato de admitir a escravidão e semelhantes como instituições jurídicas? O direito iraniano (e de outros tantos países) não teria o *status* de direito pelo só fato de, entre outras coisas, criminalizar o homossexualismo, punir o adultério com pena de morte etc.? Seria possível pensar o direito para além do tempo e do espaço e das relações de poder que o constituem? Na verdade, aquilo que designamos por direito pode ser eventualmente tão ou mais violento ou cruel quanto o que se pretende combater por meio dele (as ilegalidades).

5) Alguns autores defendem atualmente que, apesar da vagueza da linguagem, dos prejuízos do intérprete etc., existiria a única resposta correta ou, ao menos, *a* resposta correta. Como o senhor vê isso?

NIETZSCHE: lia há pouco o *império do direito* do Sr. Ronald Dworkin. O que temos ali? O juiz Hércules é uma alegoria (dela também me vali no meu Zaratustra) por meio da qual o Sr. Dworkin expõe suas próprias ideias sobre o que é o direito e o que ele entende por resposta correta. Hércules e Dworkin são, pois, uma só e mesma pessoa; logo, os limites de Hércules são os limites do homem Dworkin (limites morais, religiosos, jurídicos, filosóficos, políticos etc.).

E por recorrer (também) a uma fábula (a fábula do juiz perfeito) o autor, embora fundamente suas posições juridicamente, conclui fabulosamente (existe uma resposta correta e essa resposta é dada por um juiz fabuloso, o juiz Hércules, isto é, uma resposta dada pelo próprio Dworkin). Conclusão: a resposta correta proposta por Hércules é a resposta correta na perspectiva de Dworkin. Não é, obviamente, nem a única, nem a melhor, nem a mais correta, mas apenas isso: *a resposta correta de Dworkin* (na verdade, o que ele propõe me pareceu essencialmente um procedimento), inclusive porque a correção da resposta não é, a rigor, uma qualidade da resposta mesma, mas uma relação entre o intérprete e a resposta; logo, mudando o intérprete, muda, consequentemente, a resposta que se pretende por correta. Porque o que quer que possa ser pensado, por quem quer que possa ser pensado, como quer que seja pensado, sempre poderá ser pensado de diversas outras formas e, pois, conduzir a resultados também diversos.

Finalmente, a adoção de um determinado procedimento (método etc.) não é garantia de uma mesma resposta, nem será (só por isso) necessariamente correta ou adequada. Se fosse, no futuro, os atuais juízes poderiam ser substituídos por sofisticados programas de computador; poderíamos, inclusive, em homenagem a Dworkin, chamá-los de Hércules. E mais: decisões tecnicamente corretas não são forçosamente decisões justas (e vice-versa).

Enfim, Dworkin parece não se dar conta de que "nossos valores são introduzidos nas coisas pela interpretação, que todo sentido é necessariamente sentido de relação e perspectiva, enfim, que todo sentido é vontade de poder" (*in* vontade de poder). A minha hipótese é a de que o próprio "in-divíduo" é multiplicidade. Exatamente por isso, tudo que entra na consciência como *unidade* já é imensamente complicado: temos sempre uma aparência de unidade (*in* vontade de poder). Naturalmente que Dworkin não ignora semelhante crítica (ele a chama de "ceticismo exterior"), mas a considera "tão verdadeira quanto inútil".

O que Dworkin pretende é uma ingenuidade, portanto. Repito aqui o que disse no meu *crepúsculo dos ídolos*: Desconfio de todos os sistematizadores e os evito; a vontade de sistema é uma falta de retidão!

Friedrich Wilhelm Nietzsche nasceu em Röcken, Prússia, em 1844, e morreu em Weimar, em 1900. A entrevista – fictícia, obviamente – foi imaginada a partir de seus textos (nem todos citados).

Capítulo 21

POLÍTICA DE DROGAS

O que hoje conhecemos por *tráfico ilícito de entorpecentes* nem sempre existiu, afinal houve tempo em que as drogas (antigas e atuais) eram livremente produzidas e comercializadas.[1] A história da repressão – grandemente fracassada – é, pois, recente. E o fato de atualmente existir uma política duramente repressiva não significa que tal ocorrerá sempre.[2] Aliás, parece mesmo provável que num futuro não muito distante algumas das atuais substâncias ilícitas – talvez todas elas – voltem a ser comercializadas com algum controle oficial, à semelhança do que se passa com as drogas lícitas (tabaco, álcool, remédios etc.). Lembre-se, a propósito, que as atuais drogarias se prestam a isso, essencialmente: vender drogas.

---

1. Vide, a propósito, Antonio Escohotado: Historia General de las Drogas. Madrid: Editoral Espasa, 2008, 8ª edición. Há, inclusive, quem veja evidências arqueológicas do consumo de substâncias psicoátivas na prehistoria (Elisa Guerra Doce. La Drogas en la prehistoria. Evidencias arqueológicas del consumo de substancias psicoativas em Europa. Barcelona: Editorial: Edicions Belaterra, 2006). De acordo com Maria Lúcia Karam (Proibições, riscos, danos e enganados: as drogas tornadas ilícitas, v.3. Rio de Janeiro: Lumen juris, 2009), a primeira ação internacional visando a proibir a produção, a distribuição e o consumo de substâncias psicoativas e matérias primas foi sistematizada na Convenção Internacional sobre o Ópio, adotada pela Liga das Nações, em Haia, em 23 de janeiro de 1912, sendo que o artigo 20 recomendava aos Estados signatários que examinassem a possibilidade de criminalização da posse de ópio, morfina, cocaína e seus derivados. Salo de Carvalho (cit., p. 10/11), embora cite precedentes no Livro V das Ordenações Filipinas, Título LXXIX, assinala que "...somente a partir de 40 é que se pode verificar o surgimento da política proibicionista sistematizada (...). No caso da política de drogas no Brasil, a formação do sistema repressivo ocorre quando da autonomização das leis criminalizadoras (Decretos 780/36 e 2.953/38 e o ingresso do país no modelo internacional de controle (Decreto-Lei 891/38)...".

2. Atualmente mais de 20 países adotam a pena de morte para o tráfico: Argélia, Brunei, Coréia do Sul, China, Egito, Emirados Árabes Unidos, Filipinas, Indonésia, Irã, Iraque, Ilhas Maurício, Jordânia, Kwait, Malásia, Singapura, Síria, Sri Lanka, Taiwan, Tailândia, Turquia. Também os Estados do Arizona e Florida (Estados Unidos da América). Cf. Antonio Escohotado, cit., p.1.125.

Naturalmente que proibir, sobretudo proibir incondicionalmente, não é controlar; proibir significa apenas remeter as atividades proibidas para a clandestinidade, onde não existe controle (oficial) algum, de modo que, a pretexto de reprimir a produção e o comércio de droga, a lei penal acaba por fomentar o próprio tráfico e novas formas de violência e criminalidade, transferindo o monopólio da droga para o chamado mercado negro.

Não é por acaso que alguns países – Holanda, Suíça etc. – têm, por isso, preferido uma política de redução de danos a uma política repressiva.³ É que, a pretexto de combater a produção e o consumo de droga, a proibição indiscriminada dessa forma de comércio tem produzido efeitos grandemente criminógenos, tais como: 1) criação de preços artificiais e atrativos, tornando extremamente rentável o tráfico; 2) o surgimento de uma criminalidade organizada especializada no tráfico; 3) frequentes confrontos e mortes entre grupos rivais; 4) frequentes confrontos e mortes entre traficantes e policiais; 5) vitimização de inocentes por meio das chamadas "balas perdidas" e semelhantes; 6) lavagem de dinheiro; 7) corrupção das polícias e outros agentes públicos; 8) tráfico de armas; 9) sonegação de tributos; 10) rebeliões nos presídios; 11) ameaça, extorsão e morte de usuários; 12) criação de um poder político (militar ou paramilitar) paralelo ao Estado.

De acordo com Moisés Naím, "nos países em desenvolvimento e naqueles que fazem a transição do comunismo, as redes criminosas frequentemente constituem o capital investido mais poderoso que confronta o governo. Em alguns países seus recursos e capacidades traduzem-se em geral em influência política. Os traficantes e seus sócios controlam os partidos políticos, dominam importantes meios de comunicação e são os maiores filantropos por trás das organizações não governamentais. Esse é um resultado natural em países onde nenhuma atividade econômica pode igualar-se, em tamanho e lucros, ao comércio ilícito e onde, portanto, os traficantes tornam-se o 'o grande empresariado' nacional".⁴

E, apesar da proibição, drogas são facilmente encontradas em todo território nacional. Parece, inclusive, que, quão mais repressora

---

3. Vide, a propósito, Salo de Carvalho: A Política Criminal de Drogas no Brasil. Rio de Janeiro: Lumen Juris, 2010, 5ª edição.
4. Ilícito. São Paulo: Jorge Zahar Editor, 2006, p. 13.

é a política antidroga, mais forte e violento se torna o tráfico, mesmo porque, enquanto houver procura (de droga lícita ou ilícita), haverá oferta, inevitavelmente.

No fundo, o problema fundamental não reside, propriamente, na produção e consumo de drogas legais ou ilegais, presentes na história da humanidade desde sempre, mas na irracionalidade do discurso de guerra às drogas e na violência arbitrária que resulta da atual política proibicionista, um autêntico genocídio em marcha.[5]

Proibir, absolutamente, o comércio de drogas é, por conseguinte, o modo mais trágico e desastroso de administrar o problema.

---

5. Thomas Szasz, comparando política de drogas e discurso religioso, afirma que "como un judío profanando la Torah, o un cristiano la hostia, un americano que usa droga ilícita es culpable del crimen místico de profanación: transgrede el más estricto y más remido tabú. Quien abusa de las drogas se contamina a sí mesmo y contamina a su comunidad, poniendo em peligro a ambos. De ahí que para el libertario laico quen abusa de las drogas comete un <<crimen sin víctima>> (esto es, ningún crimen em absoluto), mientras para el hombre normalmente socializado es un peligroso profanador de lo sagrado. Por eso su eliminación está ampliamente justificada." SZASZ, Thomas. *Nuestro derecho a las drogas*. Tradución de Antonio Escohotado. Barcelona: Compactos Anagrama, 2001, p, 112. Comparação semelhante faz Antonio Escohotado, que, em análise longa e exaustiva, fala de "cruzada contra as drogas".

Capítulo 22

À ESPERA DE UM MILAGRE

A não ser que aconteça um milagre, o brasileiro Marco Acher Cardoso Moreira, 50 anos, condenado pelo crime de tráfico de droga, por decisão da justiça da Indonésia, será fuzilado proximamente. Marco foi preso em 2003 por transportar 13,4 kg de cocaína. O mesmo deve ocorrer com Rodrigo Gularte, 40 anos, também condenado por tráfico.

A sentença é um exemplo frisante da estupidez humana, visto que, além de aplicar a pena capital, tem como crime uma ficção, isto é, um *crime sem vítima*. De fato, o que hoje conhecemos por tráfico ilícito de entorpecentes nem sempre existiu, afinal houve um tempo em que as drogas (antigas e atuais) eram livremente produzidas e comercializadas. A história da repressão – um grande fracasso – é recente, portanto. É provável que num futuro não muito distante as atuais substâncias ilegais voltem a ser produzidas e comercializadas com algum controle oficial, à semelhança do que se passa com as drogas lícitas (álcool etc.).

E mais, proibir não é controlar, mas remeter a atividade proibida para a clandestinidade, onde não existe controle (oficial) algum, de modo que, a pretexto de reprimir a produção e o comércio de droga, a lei penal acaba por fomentar o próprio tráfico e novas formas de violência e criminalidade, razão pela qual alguns países têm preferido uma política de redução de danos a uma política repressiva.

É que, a pretexto de combater a produção e o consumo de droga, a proibição incondicional dessa forma de comércio tem produzido efeitos desastrosos: 1) criação de preços artificiais e atrativos, tornando-o extremamente rentável; 2) o surgimento de uma criminalidade organizada especializada; 3) frequentes confrontos e mortes entre grupos rivais; 4) frequentes confrontos e mortes entre traficantes e policiais; 5) vitimização de inocentes por meio das chamadas "balas perdidas"; 6) lavagem de capitais; 7) corrupção das polícias; 8) tráfico de armas; 9) sonegação de tributos; 10) rebeliões nos presídios; 11) ameaça, extorsão e morte de consumidores inadimplentes.

E, como sabemos, apesar da repressão, drogas são facilmente encontradas em todo território nacional. Parece mesmo que, quão mais repressora é a política antidroga, mais forte e violento se torna o tráfico, mesmo porque, enquanto houver procura, haverá oferta de droga, inevitavelmente.

Ademais, o tráfico é, em princípio, um *crime sem vítima*, pois as drogas não são em si mesmas prejudiciais à saúde, tudo dependendo de quem as usa, como e quando o faz. Afinal, são neutras, como o é um martelo ou uma faca de cozinha, que podem ser usados eventualmente (também) para ferir ou matar alguém. Daí a justa comparação de Thomas Szasz: "como un judío profanando la Torah, o un cristiano la hostia, un americano que usa droga ilícita es culpable del crimen místico de profanación: transgrede el más estricto y más remido tabú. Quien abusa de las drogas se contamina a sí mesmo y contamina a su comunidad, poniendo em peligro a ambos. De ahí que para el libertario laico quen abusa de las drogas comete un *crimen sin víctima* (esto es, ningún crimen em absoluto), mientras para el hombre normalmente socializado es un peligroso profanador de lo sagrado. Por eso su eliminación está ampliamente justificada."

Finalmente, a criminalização indiscriminada acaba por inviabilizar a realização de um controle oficial mínimo sobre a qualidade da droga produzida e consumida, inclusive porque as autoridades sanitárias nada podem fazer a esse respeito, em razão da clandestinidade; segundo, porque os consumidores não têm, em geral, um mínimo de informação sobre os efeitos nocivos das substâncias psicoativas; terceiro, porque o sistema de saúde não está aparelhado para atender aos usuários e dependentes; quarto, porque o próprio usuário é ainda tratado como delinquente, que deve ser castigado e não tratado.

Enfim, a questão fundamental não reside na produção e consumo de drogas legais ou ilegais, presentes na história da humanidade desde sempre, mas na irracionalidade do discurso de guerra às drogas e na violência arbitrária que resulta da atual política proibicionista, um autêntico genocídio em marcha.

E o mais trágico ou cômico de tudo isso é que, embora condenado pelo crime de tráfico de droga (ilegal), Marco Acher pediu, como último desejo, um litro de whisky Chivas (droga legal).

Capítulo 23

REFORMA DO PARLAMENTO

Uma reforma política que não seja simples estratégia para manter as coisas como estão, criando uma falsa impressão de mudança e perpetuando privilégios por meio de concessões meramente paliativas ou simbólicas, deve começar pela extinção pura e simples do Senado, instituindo-se um sistema unicameral.

Inicialmente porque há muito cessaram as razões históricas que supostamente o justificariam. Com efeito, e conforme assinala José Afonso da Silva, o argumento da representação dos Estados pelo Senado, que se fundava na ideia, inicialmente implantada nos EUA, de que se formava de delegados próprios de cada Estado, pelos quais estes participavam das decisões federais, há tempo não existe nos EUA e jamais existiu no Brasil, porque os Senadores são eleitos diretamente pelo povo, tal como os Deputados, por via de partidos políticos, motivo pelo qual os Senadores integram a representação dos partidos tanto quanto os Deputados e dá-se o caso não raro de os Senadores de um Estado serem de partido adversário do Governador, daí defenderem programa diverso deste (Silva, José Afonso da. *Curso de Direito Constitucional Positivo*. São Paulo: Malheiros, 2001, p. 513).

Também porque a competência dessas casas para legislar é essencialmente a mesma (CF, arts. 48 e 49), sendo que a competência privativa do Senado (CF, art.52) poderia ser perfeitamente assumida pela Câmara Federal sem prejuízo algum ao sistema que se pretende democrático de direito. Mais: apesar de a retórica constitucional dizer que os Deputados são "representantes do povo" e os Senadores "representantes dos Estados e do Distrito Federal" (CF, arts. 45 e 46), fato é que o critério de escolha de seus representantes é rigorosamente o mesmo, o voto popular, razão pela qual afirmá-lo constitui mero jogo de palavras. Aliás, eleitos que são essencialmente segundo os mesmos critérios, segue-se que uma casa legislativa acaba sendo uma inútil duplicada da outra (Kelsen, Hans. *Teoria Geral do Direito e do Estado*. São Paulo: Martins Fontes, 2000, p. 426).

Além disso, malgrado sejam eleitos pelo povo, o tratamento constitucional dispensado a Deputados e Senadores é duplamente desigual: primeiro, porque os membros do Senado têm mandato de oito anos, o dobro dos membros da Câmara; segundo, porque o voto de 81 Senadores vale tanto quanto o de 513 Deputados, estando o poder de decisão desigualmente distribuído, portanto. Não sem razão, Hans Kelsen afirmava que o sistema unicameral era bem mais condizente com a ideia de democracia, porque o sistema bicameral, típico de monarquia constitucional e do Estado federal, é sempre uma atenuação do princípio democrático (Kelsen, Hans. *Teoria Geral do Direito e do Estado*. São Paulo: Martins Fontes, 2000, p. 426).

Não bastasse isso, historicamente quem de fato legisla e tem legislado no Brasil é o Poder Executivo, por meio de decretos, medidas provisórias etc., circunstância que, embora criticável, não pode ser ignorada. Aliás, parte desse desprestígio (frente ao Executivo) do Poder Legislativo deve-se à lentidão com que são ordinariamente apreciados e votados os projetos de lei, em virtude inclusive das idas e vindas dos projetos entre as duas casas legislativas.

Finalmente, abolido o Senado, instituído o sistema unicameral, dar-se-ia maior presteza ao processo legislativo, diminuindo sensivelmente a burocracia do legislativo, sintonizando-o melhor com as permanentes mudanças dos dias atuais; evitar-se-ia ainda a edição de leis já ultrapassadas quando de sua promulgação (Códigos Penais, Civis etc.), tal a demora na tramitação dos projetos. Mais: economizar-se-iam nada menos que R$ 2,4 bilhões anuais, que é o custo (estimado) do Senado para os cofres públicos, sendo seus servidores aproveitados noutras instituições.

Por último, a alegada função revisora que justificaria a existência da instituição poderá ser perfeitamente cumprida pela própria Câmara Federal, inclusive, quando necessário, por meio de votação em dois turnos. Mais: papel semelhante pode e tem sido cumprido por juízes e tribunais através do controle (incidental e direto) da constitucionalidade das leis.

Além da extinção do Senado, para dar-se mais centralidade e funcionalidade ao parlamento, cumpriria reduzir drasticamente o número de parlamentares, para não mais de 100 (cem) representantes, à semelhança do que ocorre com o Senado dos Estados Unidos, tal como propõe Luigi Ferrajoli (Principia iuris. *Teoría del derecho y de la democracia*. v. 2. Madrid: Trotta, 2011, páginas 182-183).

Manter o Senado traduz, pois, mero respeito à tradição, luxo por demais caro para um país tão profundamente desigual como o Brasil.

Capítulo 24

POR QUE O BRASIL CONTINUARÁ A SER UM PAÍS CORRUPTO

Porque já as eleições dos "nossos" representantes são realizadas de modo a institucionalizar o crime, pois os grupos econômicos, ao patrocinarem a eleição de presidente, governadores, prefeitos etc., assim o fazem, como é natural, sob a condição de obterem financiamentos graciosos, participarem de licitações premiadas, privatizarem o espaço público, multiplicando lucros;

Porque num tal contexto, a política passa a constituir extraordinário atrativo para criminosos profissionais, em geral burocratas medíocres, desqualificados moral e tecnicamente, sem perspectiva fora da política; consequentemente, aqueles que prezam por seu nome e dignidade a evitam sistematicamente;

Porque certos partidos políticos passam a funcionar, assim, como autênticas quadrilhas, cujos membros são motivados por interesse/retorno puramente econômico-financeiro, por isso que trocam de legenda constantemente;

Porque o sistema representativo é um engodo que conta com a participação do próprio eleitor, que não raro exige, em troca do voto, algum proveito, de modo que o voto constitui apenas um expediente para legitimar e perpetuar o crime, afinal os eleitos não representam o eleitorado, mas os seus próprios interesses e os interesses dos grupos econômicos que os patrocinam;

Porque, apesar das fraudes, insistimos em perpetuar determinados criminosos no poder, e a tudo assistimos passivamente; e vemos a política com absoluta indiferença. De certo modo, no Brasil, criminosos pobres vão para as cadeias e criminosos ricos fazem carreira política;

Porque a polícia, que deveria, junto ao ministério público, formar instituição única, está subordinada ao poder executivo, de sorte que são prováveis investigados (governadores, prefeitos etc.) que em última análise orientam as investigações;

Porque os criminosos políticos estão protegidos por um sem número de privilégios (foro privilegiado, imunidades parlamentares etc.) que os tornam grandemente imunes às investigações;

Porque a corrupção política traduz a nossa própria hipocrisia, a nossa tendência ao jeitinho; afinal, corrupção é de algum modo interação/acordo entre corruptor e corrompido, entre eleitor e eleito;

Porque somos obrigados a votar, quando votar é um direito e não um dever, pois o eleitor há de ter a liberdade de votar em quem quiser, quando e se quiser, consciente e livremente;

Porque punir criminosos, embora necessário, não é o mais importante; o mais relevante consiste em identificar as estruturas de poder que produzem e fomentam o crime e mudá-las radicalmente, pois problemas estruturais demandam intervenções também estruturais e não apenas intervenções sobre indivíduos;

Porque insistimos em preservar instituições absolutamente desnecessárias: senado federal, câmara distrital etc.; e temos uma câmara dos deputados com um número excessivo de representantes, tecnicamente desqualificados em sua maioria, como se quantidade significasse mais qualidade ou mais representatividade;

Porque, em vez de enfrentar os problemas em suas causas, tentamos combatê-las em suas consequências, tardia, burocrática e simbolicamente; e isso equivale a não combatê-las;

Porque temos um Estado excessivamente burocrático, que tudo pretende resolver por meio de leis, demagogicamente;

Porque multiplicar leis não significa evitar novos crimes, mas multiplicar novas violações à lei (Beccaria); e as leis desnecessárias enfraquecem as leis necessárias (Montesquieu);

Porque mais leis, mais juízes/tribunais, mais conselhos, mais prisões etc., pode significar mais presos, mas não necessariamente menos delitos;

Porque o povo brasileiro acredita ser livre, mas está enganado: é "livre" apenas durante as eleições dos membros do executivo e do parlamento, pois, eleitos os seus membros, ele volta à escravidão, é um nada (Rousseau); é que a participação popular se limita ao sufrágio a cada quatro anos; mas eleitos "seus" representantes, não se tem qualquer controle sobre seus atos, e o cidadão, convertido em objeto e não sujeito da política, só poderá expressar sua indignação nas eleições seguintes;

Porque a reeleição favorece grandemente esse quadro;

O Brasil é e continuará sendo um país corrupto simplesmente porque está estruturado para sê-lo!

Capítulo 25

O ANTICANDIDATO

Caros eleitores:

Hoje queria dizer algo sobre o poder judiciário, o ministério público e a polícia.

Comecemos pelo óbvio: ao contrário do que pretendem alguns, que querem endeusá-la, para, com isso, serem tratados como deuses, a justiça é um serviço público como qualquer outro, saúde, educação etc.

Consequentemente, temos de torná-la maximamente racional, célere, eficiente. É urgente, enfim, desburocratizá-la, humanizá-la, modernizá-la.

De logo, afirmo, pois, que temos tribunais de mais e justiça de menos.

A rigor, no Brasil temos 4 (quatro) instâncias: 1) primeiro grau (juízes); 2) segundo grau (tribunais de justiça); 3) terceiro grau: tribunais superiores (STJ, TST, STM etc.); 4) quarto grau (STF).

É tribunal demais para um país de miseráveis, cuja justiça, contrariamente ao provérbio, tarda e falha.

Ora, o que há de ser assegurado, dada a falibilidade de todo julgamento humano, é a possibilidade de o réu apelar para uma segunda instância (um outro juiz ou turma de juízes), conforme o duplo grau de jurisdição.

Ocorre que, entre nós, é possível recorrer-se indefinidamente, com fins puramente protelatórios, dado o excesso de tribunais e recursos cabíveis.

Proponho, por conseguinte, extinguir todos os tribunais superiores (STJ, TST etc.).

Proponho, mais, extinguir as atuais nomenclaturas: ministro e desembargador. Consequentemente, todos que exercem a jurisdição, que decidem, chamar-se-ão *juízes* simplesmente.

Além disso, é preciso acabar com o caos resultante do chamado foro por prerrogativa de função ou foro privilegiado, instituto absolutamente incompatível com o princípio da igualdade ou isonomia. Que sejam extintos, pois!

E mais, com a interiorização da justiça federal, já não faz sentido termos uma justiça estadual e outro federal. Unifiquemos, pois! Haverá uma única justiça: uma justiça federal. Que seja extinto, portanto, o poder judiciário dos Estados!

Unificado o poder judiciário, temos, logicamente, de unificar diversas outras instituições, a exemplo do ministério público e polícia. Haverá, pois, uma única polícia, uma polícia federal. E haverá um único ministério público, também federal.

Que sejam extintas, portanto, as polícias e os ministérios públicos dos Estados!

Também serão extintas as polícias militares, pois imprestáveis para funções não militares!

E se alguém disser que isso é loucura, direi que, por vezes, há muita lucidez na loucura e muita loucura na lucidez!

Capítulo 26

CRISE DE ANSIEDADE

"Da escola de guerra da vida – **O que não me mata me fortalece**".
Friedrich Nietzsche. *Crepúsculo dos ídolos*.[1]

Sempre fui ansioso, tal como meu pai; talvez mais.

Lembro-me de que, por mais de uma vez, quando criança, era o primeiro a chegar à escola e ficava sentado aguardando abrirem os portões.

Recordo ainda que, por volta dos 7 (sete) ou 8 (oito) anos, acordei cedo preocupado com o seguinte: "onde vou morar quando casar?". Então, vaguei pelas ruas mais próximas da minha residência e depois de encontrar uma que me agradara, fui para minha casa e voltei a dormir. Raramente compareço a algum compromisso no horário, mas antes, uns 15 minutos ao menos. Levo meus compromissos excessivamente a sério. E nunca consegui dormir durante uma viagem, de carro ou de avião.

Formado em Direito, e já Procurador do Estado da Bahia (Fazenda), comprometi-me comigo mesmo que teria de passar no concurso para Procurador da República até os 30 (trinta anos). Fui aprovado aos 27 (vinte e sete) anos. Poderia citar um sem número de situações semelhantes.

Mas a ansiedade nunca foi um problema, e sim uma aliada, exceto pela eventual insônia que me causava.

Recentemente, porém, conheci o maior problema de saúde da minha vida.

---
1. São Paulo: Companhia das Letras, 2006, p. 10.

Tratava-se de uma *crise de ansiedade*, algo próximo da chamada *síndrome de pânico*. Conto-a a seguir.

Faço pública essa experiência por duas razões: primeiro, porque julgo importante divulgar como a superei; segundo, por se tratar de um problema grave e frequente que acomete um número considerável de pessoas em todo mundo. Além do mais, não estamos, em geral, minimamente preparados para lidar com isso.

Naturalmente que esse problema não surge por acaso. No meu caso, creio que o aumento da ansiedade deveu-se, em especial, a investimentos que fiz, os quais nada tinham de mais, mas que passaram a me preocupar exageradamente.

Fato é que, com alguma frequência, passei a sentir um frio e um desconforto descontínuo no coração e a minha insônia foi aumentando lenta e progressivamente. Passei a pensar nos tais investimentos constantemente.

Então, essa sensação de desconforto foi se agravando, associada a um grande medo. O coração passou a bater forte e aceleradamente. Minhas mãos e voz passaram a tremer. Minhas mãos suavam frias. Tinha a sensação de que o coração não iria suportar tanta pressão. Passei a ter algumas fobias, inclusive medo de dormir.

Fui a um médico clínico que me receitou medicamento fitoterápico, mas não senti melhora alguma.

A crise chegou a tal ponto que não conseguia mais dormir. Dormir passou a ser uma tortura. Ia para a cama já com a convicção de que não conseguiria dormir. Passei a ter pensamentos bastante negativos e sombrios. Fiquei 10 (dez) dias sem dormir. Fui ao inferno e voltei.

Como superei isso?

Primeiro, fui a uma psiquiatra, que me receitou dois remédios para controlar a ansiedade.

Graças a esses remédios, especialmente um poderoso medicamento tarja preta (Rivotril), pude dormir, pela primeira vez, depois de 10 (dez) dias. Dormi seis horas, profundamente. Acordei com uma alegria que não tenho como descrever.

Julguei, então, que havia superado o problema; mas, em verdade, o problema persistiu, embora (agora) suportavelmente.

No meu caso, os remédios, apesar de importantes, atenuavam, mas não resolviam o problema. Fiz, pois, o seguinte: 1) livrei-me, em parte, dos tais investimentos; 2) acupuntura; 3) massagens; 4) atividade física; 5) evitei leituras pesadas à noite; 6) revi minha alimentação; 7) passei a evitar café e outros estimulantes a partir das 18 horas; 8) passei a ler a Bíblia, embora incrédulo; 9) voltei a orar; 10) passei a evitar situações que costumam aumentar a minha ansiedade; 11) apesar de tudo, continuei minha vida normalmente, trabalhando etc.; 12) passei a ouvir músicas que me elevam (no meu caso, rock, principalmente).

Julgo todas essas providências importantes e as recomendo, mas creio que o mais relevante é o seguinte: a crise de ansiedade (o medo infundado, a síndrome de pânico etc.) é uma espécie de fantasma criado por nós mesmos. Lutar, pois, contra ela, é lutar contra si mesmo.

Consequentemente, não devemos, como é comum (e assim eu fiz inicialmente), fugir da crise ou tentar ignorá-la, como se ela não existisse, tentando simplesmente esquecê-la. Não tenha medo do medo!

Não! O que você deve fazer é reconhecer-se como um forte, que você é capaz de superar isso, que, quanto mais você fraquejar, mais esse fantasma se agigantará e tomará conta de você. Reaja, pois!

Diga, se necessário, palavras de ordem ou mesmo palavrões! Mande esse fantasma para o quinto dos infernos! Evite pensamentos negativos ou sombrios!

E não faça como certos animais que, podendo enfrentar outro que o ameaça, tentam fugir e, ao fazê-lo, encorajam-no a persegui-lo e capturá-lo.

Tome consciência de que foi você quem criou isso; logo, você pode perfeitamente enfrentá-lo e vencê-lo! E você vencerá!

Capítulo 27

POR QUE A POLÍCIA CONTINUARÁ MATANDO PESSOAS INOCENTES

Apesar do extermínio levado a cabo pela polícia brasileira (civil e militar) desde sempre - de que é exemplo recente o noticiado no fantástico do dia 20/07 -, contra os grupos mais vulneráveis da população, especialmente aqueles que vivem nas periferias das cidades, é comum se ouvir, de parte das vítimas, que é preciso punir os criminosos exemplarmente, e, de parte das corporações envolvidas, que se trata de um episódio isolado praticado por maus policiais, que devem ser afastados da instituição.

O discurso é sempre o mesmo: castigar os criminosos. No entanto, mesmo quando eventualmente punidos os delinquentes, os mesmos delitos voltam a ocorrer sistematicamente, embora só raramente sejam noticiados nos jornais, invariavelmente quando a vítima é criança ou pessoa de classe média ou alta. Enfim, o extermínio levado a cabo pelas polícias só interessa à grande imprensa quando tem algo de grotesco, surreal ou extraordinário. A matança ordinariamente praticada contra supostos criminosos pouco importa. Li, a propósito, tempos atrás, sugestiva manchete de certo jornal, que dizia: "bandido tomba em conflito com a polícia", que é uma espécie de versão do bordão "bandido bom é bandido morto", quase a aplaudir a ação policial e a revelar certa indiferença quanto a este tipo de extermínio.

Pois bem, não obstante vítimas e corporações gritem pela mesma solução (punir criminosos), tal proposta constitui, em verdade, uma forma de manter as coisas exatamente como estão, a pretexto de mudá-las, seja porque o sistema penal atua num reduzidíssimo número de casos (cifras ocultas da criminalidade), seja porque é arbitrariamente seletivo (recruta sua clientela entre os grupos mais débeis da população), seja porque, ao tecnicizar os conflitos, os descontextualiza e os despolitiza. Além do mais, ao contrário do que normalmente se crê e se faz crer, intervir sobre indivíduos, criminosos ou não, embora necessário, é uma perspectiva simbólica e um tanto demagógica de prevenção da criminalidade. É que problemas estruturais (corrupção, violência policial, tráfico de droga etc.) demandam intervenções também estruturais, devendo a intervenção sobre indivíduos ser apenas um complemento de uma política ampla de segurança pública, coisa que não existe entre nós, que preferimos o improviso.

Com efeito, por mais exemplar que seja o castigo imposto ao criminoso, a sentença condenatória proferida contra um indivíduo em particular não tem o poder de prevenir, em caráter geral, novos crimes por membros das corporações e grupos a que pertencem, pois continuarão a atuar mais ou menos livremente. Mais: que se há de esperar de uma polícia e exército militares senão que atuem militarmente, isto é, para a guerra, com a disposição, as armas e táticas da guerra? Ora, a contradição é evidente: funções não militares (v.g., segurança pública) são de todo incompatíveis com instituições militares, que só devem exercer tarefas militares e, eventualmente, devem ser desmilitarizadas ou mesmo extintas. Não há meio termo.

Punir criminosos, embora necessário, constitui assim só uma forma de manter as coisas exatamente como sempre foram, a pretexto de mudá-las. Trata-se, portanto, de uma estratégia política conservadora e ilusória que pune o indivíduo para preservar a instituição que o faz criminoso, ou seja, castiga-se o indivíduo para inocentar, habilmente, a corporação, preservando seu exercício de poder incontrolado e incompatível com o Estado Democrático de Direito.

Em suma: a questão fundamental não é intervir individualmente, mas estruturalmente, prevenindo o mal em sua raiz, e não tardiamente em suas consequências; intervir, pois, etiologicamente e não só sintomatologicamente. Afinal, mais policiais, mais prisões e mais condenações significam mais presos, mas não necessariamente menos delitos. Em conclusão, a polícia brasileira (especialmente a militar) continuará matando pessoas simplesmente porque está estruturada para matá-las.

Capítulo 28

DUAS PALAVRAS SOBRE ABORTO

A discussão sobre a descriminalização do aborto costuma ser polarizada entre o bem e o mal e, pois, entre supostos defensores da vida (contra a abolição do crime) e defensores da morte (a favor da abolição), como se a criminalização significasse a afirmação da vida e a descriminalização a sua negação.

Mas essa polarização constitui, obviamente, uma simplificação grosseira, pois ser a favor da abolição do tipo legal de aborto não significa, necessariamente, ser a favor do aborto, nem da morte. Afinal, descriminalizar o aborto, uma questão de política criminal, não se confunde com apoiá-lo e eventualmente estimulá-lo, que é uma questão moral. O Estado que concede anistia não aprova os crimes anistiados necessariamente.

Com efeito, descriminalizar o aborto, assim como descriminalizar o adultério ou não criminalizar a prostituição ou o incesto, significa reconhecer apenas que se trata de um comportamento essencialmente moral, que, embora grave, deve ser objeto de outras instâncias de controle social (família, informação etc.). Significa reconhecer ainda que a intervenção penal, por seu caráter inevitavelmente traumático, cirúrgico e negativo (García-Pablos), só é legítima quando minimamente adequada e, pois, idônea a prevenir, em caráter geral e/ou especial, e subsidiariamente, novas práticas abortivas.

Mas no caso da criminalização do aborto essa adequação/capacidade preventiva não existe, porque, apesar do tipo penal, abortos acontecem sistematicamente e quem deixa de praticá-lo assim o faz por outras razões (morais, religiosas etc.), que não o temor de ser preso e condenado ou responder a uma ação penal etc.

Ademais, as cifras ocultas (não registradas oficialmente) do crime de aborto são altíssimas; os poucos casos que chegam à polícia e tribunais geralmente envolvem mulheres miseráveis que se submeteram a práticas abortivas primitivas, com graves riscos à saúde e à vida. Quem tem condições econômico-financeiras o faz com o médico de confiança ou numa clínica especializada, com alguma segurança.

Não é preciso notar ainda o quanto a clandestinidade do aborto tem levado mulheres a graves lesões e à morte inclusive. É provável, aliás, que, se os homens engravidassem, o tipo legal de aborto sequer existisse.

Condenar mulheres por aborto é apenas uma forma de acrescentar, inutilmente, uma violência (a pena) a uma outra violência (o aborto). Enfim, à semelhança das drogas, o aborto não é um problema de polícia, mas um problema de saúde pública, a exigir intervenções na causa do problema e não nos seus efeitos, tardiamente, porque problemas estruturais demandam soluções também estruturais. E intervenções individuais, embora necessárias, no mais das vezes apenas servem para manter as coisas como estão a pretexto de mudá-las; logo, têm caráter essencialmente conservador do status quo.

Como disse Franz von Liszt, uma boa política social ainda é a melhor política criminal.

Capítulo 29

CARTA A UM JOVEM PROMOTOR DE JUSTIÇA

Caro Promotor: em resposta às indagações que me fizeste, segue o que penso a respeito.

Bem sabes que, dentre as relevantes funções que agora exerces, está a de acusar, tarefa das mais graves e difíceis, por certo. Pois bem, quando acusares – e tu o farás muitas vezes, pois o teu dever o exige – não esqueças nunca que sob o rótulo de "acusado", "réu", "criminoso" etc. há sempre um homem, nem pior nem melhor do que ti; lembra que nosso crime em relação aos criminosos consiste em tratá-los como patifes (Nietzsche). Evita incorrer nessa censura! Acusa, pois, dignamente, justamente, humanamente!

Lembra que, entre os teus deveres, não está o de acusar implacavelmente, excessivamente, irresponsavelmente. Se seguires a Constituição, como é teu dever, e não simplesmente a tua vontade, atenta bem que a tua função maior reside na defesa da ordem jurídica e do regime democrático (CF, art. 127), e não da desordem jurídica, nem da tirania. E defendê-la significa, entre outras coisas, fazer a defesa intransigente dos direitos e garantias do acusado, inclusive; advogá-lo é guardar a própria Constituição, é defender a liberdade e o direito de todos, culpados e inocentes, criminosos e não criminosos.

Por isso, sempre que te convenceres da inocência do réu, não vacila em pugnar por sua pronta absolvição, ainda que tudo conspire contra isso; faz o mesmo sempre que a prova dos autos ensejar fundada dúvida sobre a culpa do acusado, pois, como sabes, é preferível absolver um culpado a condenar um inocente. Ousa, portanto, defender as garantias do réu, ainda que te acusem de mau acusador, ainda que isso te custe a ascensão na carreira ou a amizade de teus pares.

Assim, sempre que o teu dever o reclamar, não hesita em impetrar habeas corpus, em recorrer em favor do condenado, em endossar as razões do réu, e jamais te aproveita da eventual deficiência técnica do teu (suposto) oponente: luta, antes, pela Justiça! Lembra, enfim, que és Promotor de Justiça, e não de injustiça!

E quando te persuadires da correção do caminho a trilhar, segue sempre a tua verdade, a tua consciência, não cede à pressão da imprensa, nem de estranhos, nem de teus pares; sê fiel a ti mesmo, pois quem é fiel a si mesmo não trai a ninguém (Shakespeare), porque não cria falsas expectativas nem ilusões.

Trata a todos com respeito, com urbanidade; sê altivo com os poderosos e compreensivo com os humildes; lembra que quem se faz subserviente e se arrasta como verme não pode reclamar de ser pisoteado (Kant).

Evita o espetáculo, pois não és artista de circo nem parte de uma peça teatral; sê sereno, sê discreto, sê prudente, pois não te é dado entregares a tais veleidades;

Estuda, e estuda permanentemente, pois não te é lícito o acomodamento; não esqueças que toda discussão tecnológica encobre uma discussão ideológica; lê, pois, e aplica as leis criticamente; não olvidas que teu compromisso fundamental é com o Direito e a Justiça e não só com a Lei;

Não te julgues melhor do que os advogados, servidores, policiais, juízes e partes, nem melhor do que teus pares;

Não colocas a tua carreira acima de teus deveres éticos nem constitucionais;

Vigia a ti mesmo, continuamente, mesmo porque onde houver uso de poder haverá sempre a possibilidade do abuso, para mais ou para menos; antes de denunciar o argueiro que se oculta sob os olhos dos outros, atenta bem para a trave que te impede de te ver a ti mesmo e a teus erros; lembra que as convicções são talvez inimigas mais perigosas da verdade que as mentiras, e que a dependência patológica da sua óptica faz do convicto um fanático (Nietzsche);

Não te esqueças de que, por mais relevantes que sejam as tuas funções, és servidor público, nem mais, nem menos, por isso sê diligente, sê probo, sê forte, sê justo!

Capítulo 30

SER FORTE

O homem fraco teme e treme diante da doença e da morte; o homem forte vê a doença e a morte como naturais e inevitáveis, apesar de indesejáveis; e as lamenta quando violentas ou precoces;

O homem fraco recua ou foge diante do perigo; o homem forte o enfrenta sempre que necessário;

O homem fraco julga, quase sempre, que o melhor da vida e do mundo já passou; o homem forte crê que o melhor está por vir e que o melhor da vida se realiza a cada momento;

O homem fraco busca a religião por medo ou desespero e interesseiramente - e, pois, toma a covardia por virtude; o homem forte, sem temor e serenamente; ou não a tem;

O homem fraco adora bajular e dissimular; o homem forte tem horror à bajulação e à dissimulação;

O homem fraco é presunçoso e pretende que o tomem como exemplo de correção; o homem forte não quer ser exemplo para ninguém; luta por ser fiel a si mesmo, porque quem é fiel a si mesmo não trai a ninguém (Hamlet); por isso, não cria falsas expectativas, nem ilusões;

O homem fraco adora espíritos servis e a moral de rebanho; o homem forte os ignora e luta para que os homens se tornem quem realmente são (Nietzsche);

O homem fraco tem horror à crítica; o homem forte não vê muito sentido no elogio e o tem sob permanente suspeita;

O homem fraco adora atribuir seus erros e responsabilidades aos outros (homens e demônios); o homem forte assume seus erros e aprende com eles;

O homem fraco ama palavras de ordem e exalta a obediência; o homem forte desconfia de todas as palavras e do que está por trás delas;

O homem fraco sente prazer na dor do inimigo; o homem forte a lamenta ou lhe é indiferente;

O homem fraco busca desesperadamente popularidade e reconhecimento; o homem forte é discreto e confiante;

O homem fraco é preconceituoso; o homem forte, tolerante;

O homem fraco é rancoroso; e o homem forte sabe que esquecer é essencial à saúde (física e mental) e à afirmação da vida.

Capítulo 31

PROJETO – IMAGINÁRIO – DE REFORMA POLÍTICA

Considerando que é direito do eleitor decidir, consciente e livremente, sobre a escolha de seus representantes, não se admitindo nenhum tipo de constrangimento, direto ou indireto;

Considerando que a maior quantidade de parlamentares não implica necessariamente maior qualidade parlamentar ou mais representatividade;

Considerando a corrupção estrutural das instituições parlamentares;

Considerando que as funções legislativas podem ser exercidas satisfatoriamente por uma única casa;

Considerando que, historicamente, é o poder executivo quem de fato legisla, direta ou indiretamente;

Considerando que o excesso de instituições significa mais corrupção e desperdício de dinheiro público;

Considerando a necessidade de racionalizar a aplicação de recursos públicos;

Considerando a inadequação das polícias militares para o exercício de funções não militares (civis);

Considerando a incompatibilidade do *modus operandi militari* com as garantias individuais do Estado Constitucional de Direito;

Considerando a necessidade de racionalizar o funcionamento das instituições democráticas;

Considerando que o instituto da prerrogativa de foro é incompatível com o princípio da isonomia e fomenta a impunidade;

Considerando que o Estado é um meio a serviço do homem, e não o contrário;

Considerando que problemas estruturais demandam soluções também estruturais;

Submete-se à apreciação a seguinte reforma política:

Art. 1º. É extinto o Senado Federal, cujas atribuições passam a ser exercidas pela Câmara dos Deputados;

Art. 2º. É extinta a Câmara Distrital, cujas atribuições passam ser exercidas pela Câmara dos Deputados;

Art. 3º. São extintos os cargos de vice-presidente, vice-governador e vice-prefeito;

Art. 4º. A Câmara dos Deputados será composta de representantes dos Estados e do Distrito Federal, eleitos segundo o princípio majoritário, para mandato de quatro anos. Cada Estado e o Distrito Federal elegerão 03 (três) deputados;

Art. 5º. São extintas as polícias militares, cujas atribuições passam a ser exercidas pela polícia civil (estadual e federal);

Art. 6º. A polícia civil (estadual e federal) passa a integrar o Ministério Público, na forma anexa;

Art. 7º. São extintos, para todos os cargos ou funções públicas, o instituto da prerrogativa de foro (foro privilegiado);

Art. 8º. O Estado financiará a campanha dos partidos políticos na forma anexa;

Art. 9º. O voto é facultativo.

Art. 10. Não haverá reeleição.

Capítulo 32

CRIMINALIDADE DO PODER, POLÍCIA E IMPUNIDADE

Suponha que você tenha cometido um delito grave, mas, estranhamente, detenha o poder de designar e/ou supervisionar a autoridade que irá investigá-lo, de modo que a você, o delinquente, pertence, em última análise, o comando final da sua própria investigação. É evidente que isso é um total absurdo, uma farsa.

Mas é exatamente isso que ocorre entre nós no âmbito das investigações policiais destinadas a apurar a criminalidade do poder. Com efeito, compete a um servidor público hierarquicamente inferior (Delegado de Polícia ou Delegado Federal) investigar crimes praticados por seus superiores hierárquicos (Presidentes, Ministros, Governadores, Secretários de Estado) ou autoridades de que dependem, direta ou indiretamente, como Deputados Federais/Estaduais e Prefeitos municipais. Ou seja: as chamadas autoridades de alto escalão acabam por investigar a si mesmos por meio da designação e/ou monitoramento dos seus investigadores. Dito de outro modo: no modelo policial brasileiro, os investigados/criminosos detêm o controle político das investigações, apesar de não as presidirem formalmente.

Ora, é evidente que, em que pesem a competência e boa fé da grande maioria, não cabe esperar de um Delegado de Polícia, que pretende fazer carreira, obter promoções, remoções etc., e também parecer bem aos olhos de seus superiores, que investigue de forma isenta infrações cometidas por aqueles de que dependem hierarquicamente (salvo em casos excepcionais e insignificantes), até porque os eventuais implicados poderão afastá-los a todo tempo. Cuida-se, portanto, de uma investigação comprometida desde a sua concepção, isto é, estruturalmente viciada, podendo pretextar a perseguição de adversários políticos inclusive.

E manter uma estrutura policial que dependa hierárquica e diretamente do poder executivo, além de implicar uma clara subversão da lógica das investigações, constitui uma manobra para acobertar possíveis crimes de certas autoridades e assim lhes assegurar a impunidade. Quanto ao inquérito do "mensalão", exceção à regra, caberia lembrar que, além da extraordinária repercussão na imprensa, nele interveio o Ministério Público desde o primeiro momento, o que nem sempre ocorre.

Não é de surpreender, por isso, a descoberta na Bahia de mais de 300 (trezentos) procedimentos e inquéritos policiais envolvendo cerca de 30% dos 417 municípios baianos, que dizem respeito a prefeitos, vice-prefeitos e ex-prefeitos (Cf. Correio Braziliense, 17 de fevereiro de 2008), sobre homicídio inclusive, os quais estavam "esquecidos" numa sala da Secretaria de Segurança Pública desde 1988, todos fadados ao reconhecimento inevitável da prescrição e, pois, à impunidade dos criminosos.

O pior é que o ocorrido na Bahia é o que se passa em todo o Brasil ordinariamente, se bem que a estratégia do "esquecimento" costuma assumir forma mais sutil, pois mais frequentemente os inquéritos policiais, quando efetivamente instaurados, se arrastam anos a fio por meio de pedidos sucessivos de dilação de prazo; e quando chegam a ser concluídos, não são realizadas a tempo e modo as diligências indispensáveis e colhidas as provas necessárias à penalização dos responsáveis. A isso se soma ainda a costumeira morosidade dos tribunais de contas.

Por essas e outras é que ainda hoje a polícia judiciária brasileira se limita a apurar, quase que exclusivamente, crimes patrimoniais e similares (estelionato, furto, roubo), típica criminalidade dos grupos socialmente excluídos, e, pois, mais economicamente vulneráveis, deixando impune a criminalidade do poder, apesar de bem mais danosa, a exigir o quanto antes a sua reestruturação, quer autonomizando-a relativamente ao poder executivo, quer (mais adequadamente) fazendo integrar instituição independente a que está vinculada finalisticamente: o Ministério Público.

É pena que não tenhamos, no entanto, um Congresso Nacional à altura de tão grandes desafios, que, no mais das vezes, se perde na discussão de questões de somenos importância, e que ora parece funcionar à semelhança de uma Câmara de Vereadores de uma cidade atrasada do interior, como uma espécie de anexo do executivo, ora à semelhança de uma delegacia de polícia, por meio de CPIs pouco produtivas, e que cada vez mais perde espaço para o executivo e judiciário.

Capítulo 33

TU ÉS TEU CORPO

Tu és teu corpo.
Tu és teu espírito.
Mas corpo e espírito não são coisas distintas, e sim uma só e mesma coisa.

Teu corpo é teu espírito e teu espirito é teu corpo.

E teu corpo é tudo: toda física e toda metafísica, todo o sagrado e todo o profano, toda consciência e toda inconsciência.

Disse bem Zaratustra: "corpo sou eu inteiramente, e nada mais; e alma é apenas uma palavra para um algo no corpo. O corpo é uma grande razão, uma multiplicidade com um só sentido, uma guerra e uma paz, um rebanho e um pastor".

O que se passa contigo não é diverso do que se passa com todo ser vivo, animal e vegetal. Somos todos filhos de uma mesma Deusa: a Natureza.

Repara a formiga e o tamanduá, a raposa e a galinha, o leão e a gazela: são em tudo iguais a ti. E estão condenados ao mesmo destino: nascer, crescer, adoecer, perecer.

Cuida do corpo, portanto, e evita torturá-lo moralmente. Diz sim apenas à moral que diz sim à vida, que a afirma. Evita a moral que condena a vida, que ama a morte.

Diz não à moral que te obriga a ser o que não és. Torna-te quem tu és!

Permita que o corpo se manifeste, que se realize, que se expanda. Mas respeita as suas necessidades e limites. Vê que precisa de solo e clima favoráveis.

Nota que não há nada além do corpo: *vida eterna*, *paraíso*, *juízo final* são ficções do corpo, sobretudo do corpo que sofre, do corpo fraco. Como ensinou Zaratustra, foram os doentes e moribundos que desprezaram o corpo e a terra e inventaram as coisas celestiais e as gotas de sangue redentoras.

Previne-te contra os corpos que amam o martírio, pois são perigosos, são uma ameaça a si mesmos e querem universalizar o seu sofrimento.

Queres ser bom, justo, amável?

Cuida, então, do corpo e tudo estará preservado. Mas, se o abandonares ou o ofenderes, tudo estará perdido.

Duvidas que o corpo é tudo? Experimenta passar fome, mendigar e dormir ao relento e adoecer, e verás como mudarão teus pensamentos. Porque teus estados mentais refletem as necessidades de teu corpo. E teus medos e teus desejos são os medos e desejos de teu corpo.

Festeja, pois, o corpo; festeja a vida!

Capítulo 34

PROIBIÇÃO DE ANALOGIA?

Como se sabe, a doutrina considera que a analogia não é admitida em direito penal, salvo para beneficiar o réu (*in bonam partem*). Justamente por isso, seria razoável isentar de pena o companheiro que, na vigência de união estável, praticasse crime na forma do art. 181, I, do CP, embora a lei não o mencione, inclusive porque tal figura não existia à época da sua promulgação.1

Já a chamada analogia *in malam* partem é terminantemente proibida, pois o juiz estaria atuando como se legislador fosse, invadindo-lhe a competência constitucional. Exemplo: não seria possível considerar qualificado o dano cometido contra empresa pública, pois o art. 163, parágrafo único, III, do CP, não a refere, embora mencione as empresas concessionárias de serviço público e as sociedades de economia mista.

A doutrina admite, porém, sem problemas, a *interpretação analógica* contra ou a favor do réu. Tal ocorreria quando a lei, depois de referir as hipóteses de incidência do dispositivo legal, recorresse a uma fórmula genérica a ser interpretada conforme os casos antes mencionados. Exemplo disso é o art. 121, § 2°, I, do CP, que, depois de citar a paga ou promessa de recompensa como circunstâncias que qualificam o homicídio, alude ao "ou por outro motivo torpe". Outros exemplos dessa cláusula: "ou substâncias de efeitos análogos" (CP, art. 28, II), "qualquer outro meio" (CP, art. 146), "qualquer outro meio simbólico" (CP, art. 147).

---

1. Art. 181 - É isento de pena quem comete qualquer dos crimes previstos neste título, em prejuízo: (Vide Lei nº 10.741, de 2003)
   I - do cônjuge, na constância da sociedade conjugal.

De acordo com a doutrina, que claramente prestigia uma interpretação literal da lei, a analogia não seria sequer uma forma de interpretação, mas de integração.

O consenso doutrinário descansa, porém, sobre premissas equivocadas.

Com efeito, o direito não é um saber lógico, mas analógico; logo, interpretar é inevitavelmente uma atividade analógica, seja porque o legislador legisla a partir da comparação de casos mais ou menos similares, seja porque o juiz recorre, ao decidir, a juízos analógicos. Afinal, nenhum crime é absolutamente igual, nem absolutamente desigual a outro, mas mais ou menos semelhantes, ainda quando se trata do mesmo tipo legal, já que as variáveis de tempo, lugar, pessoa etc., tornam cada conduta singularíssima.

Como escreve Arthur Kaufmann, só se poderia separar logicamente subsunção e analogia se existisse uma fronteira lógica entre igualdade e semelhança, mas tal fronteira não existe, pois a igualdade material é sempre mera semelhança e a igualdade formal não ocorre na realidade existindo apenas no domínio dos números e sinais matemáticos (lógico-formais). Assim sendo, fracassa qualquer proibição de analogia por mais enfaticamente invocada, porque não pode ser materialmente definida.[2]

Também Winfried Hassemer assinala que "toda interpretação é analogia", pois toda interpretação, toda compreensão de uma lei pressupõe a comparação do caso a ser resolvido com outros casos, que – imaginados ou judicialmente decididos – são "casos desta lei" isentos de dúvida. Não há interpretação sem um *tertium comparationis*, por mais que este seja pobre de conteúdo e que a decisão seja ainda assim inevitável. Interpretação e analogia são estruturalmente idênticas[3]. De modo similar, Gunter Stratenwerth, Castanheira Neves, Augusto Silva Dias, Marcus Moreira Lopes etc.

Rosa Maria Cardoso da Cunha já havia assinalado em 1979 que, "relativamente à proibição de analogia *in malam partem*, há de se considerar que esta constitui um procedimento lógico e semiótico

---

2. KAUFMANN, Arthur. *Filosofia do Direito*. Lisboa: Fundação Calouste Gulbenkian, 2004. p. 184 – 191.
3. Direito Penal. Fundamentos, Estrutura, Política. Organização e revisão por Carlos Eduardo de Oliveira Vasconcelos. Porto Alegre: Sergio Fabris, 2008, p. 64-65.

indeclinável no processo de interpretação da lei. É que o direito, e particularmente o direito penal, não se comunica de uma forma digital, como a linguagem algébrica, por exemplo. O estabelecimento da significação jurídica reclama, em todos os níveis, raciocínios por imagens de tipo ou caráter analógico."[4]

Também por isso, a chamada interpretação analógica é analogia com outro nome. E o que se convencionou chamar *integração* é igualmente interpretação. Afinal, se a interpretação é inevitável mesmo quando a lei é claríssima, sê-lo-á com maior razão quando for ambígua, lacunosa ou omissa.

A questão fundamental não é, portanto, saber se há ou não analogia, se existe *analogia in malam* ou *in bonam partem*, porque analogia há sempre, mas em interpretar e argumentar corretamente num sistema aberto (Arthur Kaufmann), isto é, conforme o direito, aí incluídos, princípios e regras, notadamente a Constituição.

Em tese, pois, a analogia *in malam partem* é tão legítima ou tão ilegítima quanto *in bonam partem*. O que é verdadeiramente trágico é determinar quando o é e sob que condições.

Temos, por exemplo, que, embora o art. 163, parágrafo único, III, do Código não refira, de modo explícito, as empresas públicas, parece evidente que a expressão "patrimônio da União" há de também compreendê-las, já que, nos termos do art. 5º, II, do Decreto-lei 200/67, trata-se de entidade composta de *capital exclusivo* da União; logo, capital da União.

É justamente por isso que compete aos juízes federais processar e julgar (CF, art. 109, I e IV), entre outras hipóteses, as causas em que empresa pública federal for interessada e os crimes políticos e as infrações penais praticadas em detrimento de bens, serviços ou interesse dessas empresas. Nem se compreenderia que fossem qualificados os crimes de dano praticados contra empresa concessionária de serviço público e de economia mista e por simples aqueles delitos, mais graves e que afetam mais gravemente os interesses da União, cometidos contra as empresas públicas.

Excluir a empresa pública do rol dos entes qualificáveis do tipo legal de dano seria prestigiar, indevidamente, uma interpretação literal

---

4. O caráter retórico do princípio da legalidade. Porto Alegre: Editora Síntese, 1979, p. 104.

do dispositivo legal, como se não fizesse parte dum sistema mais amplo, e em cujo contexto deve ser compreendido e interpretado.

Ademais, se faz todo sentido admitir-se que o companheiro, na vigência da união estável, possa se valer da causa de isenção de pena do art. 181, I, do CP, o mesmo já não ocorreria se, a pretexto de se fazer analogia *in bonam partem*, quiséssemos invocá-lo para todo e qualquer delito praticado sem violência ou grave ameaça envolvendo essas mesmas pessoas (cônjuge etc.).

Os limites da analogia são, pois, os limites da interpretação; logo, proibir a analogia seria proibir a própria interpretação, mas isso é impossível, já que a interpretação não é a constatação de um direito preexistente, e sim a realização mesma do direito.

Capítulo 35

CORRUPÇÃO

Corrupção não é um problema conjuntural, mas estrutural. Nem é resultado (apenas) da falta de vergonha de certos indivíduos, mas um dado cultural. Não é possível, por isso, extirpá-la, como se fosse um tumor. No máximo, cabe reduzir sua incidência e estabelecer níveis suportáveis de corrupção.

Por ser um problema estrutural, a pretensão de castigar corruptos não deveria ser o mais importante, portanto. O mais relevante está em identificar as suas causas e atacá-las aí, na fonte.

Como a intervenção penal não é uma resposta etiológica, mas sintomatológica, ao problema da criminalidade em geral e da corrupção em particular, uma vez que o direito penal só é chamado a atuar tardiamente, depois do fato consumado, quando e se descoberto, segue-se que mais leis penais, mais policiais, mais juízes, mais prisões, significam mais presos, mas não necessariamente menos delitos.

Problemas estruturais demandam soluções também estruturais. Castigar criminosos é, por conseguinte, uma solução fácil (ao menos em relação aos criminosos mais vulneráveis), enganosa e conservadora, já que, a pretexto de mudar as coisas, mantém tudo como está. Não é por acaso que os escândalos políticos se sucedem sistematicamente, com ou sem punição dos envolvidos.

Como problema político que é, a corrupção exige solução no campo político, no sentido de modificar nosso modo, grandemente amador, de fazer política.

É preciso, por isso, criar as condições para fazer da política uma atividade atraente para os melhores, os mais competentes em suas respectivas áreas de atuação, e não o local, por excelência, de criminosos e políticos amadores. Urge, ainda, levar às últimas consequências a transparência e a desburocratização. E mais: criar uma cultura de estímulo à participação política, inserindo a formação política no currículo escolar, inclusive.

Além disso, seria razoável: 1) abolir o Senado, instituindo-se um sistema unicameral; 2) reduzir o número de deputados – Ferrajoli propõe, com razão, um parlamento com no máximo 100 parlamentares; 3) extinguir a Câmara Distrital; 4) abolir o voto obrigatório; 5) instituir o financiamento público de campanha; 6) proibir a reeleição para todos os cargos do Executivo e Legislativo; 7) Abolir o cargo de vice no Executivo e Legislativo; 8) instituir calendário único para a eleição; 9) extinção do foro privilegiado.

Capítulo 36

CRÍTICA DA PROVA DE CONCURSO PÚBLICO

Elaborar questões de prova de concurso público é tarefa dificílima, razão pela qual não deveria ficar a cargo de amadores, mas de profissionais com alguma especialização.

A formulação de perguntas de prova de concurso, talvez o próprio concurso, demanda profunda reflexão.

Inicialmente, não faz sentido algum exigir-se do candidato que decore artigos de lei, por se tratar de exigência absolutamente irrelevante, visto que: a) uma boa formação jurídica é perfeitamente possível sem a memorização de um único artigo de lei; b) a memorização de artigos não implica (forçosamente) conhecimento do direito; c) a pesquisa e acesso à legislação e à jurisprudência estão disponíveis nos mais diversos meios eletrônicos.

Apesar disso, insiste-se em formular perguntas que seriam facilmente respondidas numa situação real, de efetivo exercício da atividade jurídica.

Consequentemente, é ilógico impedir que o candidato possa fazer uso (ao menos) da legislação durante a prova. Quem pergunta, por exemplo, qual é a pena cominada ao crime do artigo tal pressupõe, em última análise, que o candidato é analfabeto, incapaz de ler o texto legal. Mas esse tipo de pergunta ainda é feito em prova de concurso.

De todo modo, é preciso rever a tendência atual de superestimação – indevida - da memória.

Não bastasse isso, uma grande parte das questões é claramente redigida, não para aferir o conhecimento do candidato, mas para induzi-lo em erro e simplesmente eliminá-lo. Por conseguinte, o que se avalia não é o domínio dos temas, e sim o grau de malícia. Exemplo disso são alternativas para assinalar a resposta "incorreta".

E por vezes têm enunciados e alternativas tão extensas e confusas que o pior consiste em entendê-las adequadamente.

Frequentemente formulam-se ainda questões que admitem mais de uma resposta correta, razão pela qual, ao se considerar uma única como válida, impõe-se, arbitrariamente, o ponto de vista (ideológico) do examinador. E algumas nada têm a ver com as atribuições do cargo especificamente disputado.

Outras são falsas por princípio, em virtude de seu caráter categórico. Afinal, o direito não comporta afirmações como "nunca", "em todos os casos", "absolutamente" etc.

Além disso, parece ser tendência concentrar as perguntas, não sobre as questões fundamentais do direito, mas sobre teorias ou temas absolutamente secundários ou desconhecidos, também aqui com um fim (aparentemente) eliminatório arbitrário.

Finalmente, não raro se pressupõe que o candidato seja uma espécie de "rato de tribunal", que fique acompanhando diariamente o que as cortes decidem ou deixam de decidir.

Tudo isso deve ser repensado. O que de fato um profissional do direto precisa conhecer são os conceitos fundamentais do direito e saber resolver problemas reais, adequadamente, criativamente, criticamente, e não decorar artigos de lei ou o último julgado de um dado tribunal. Afinal, não somos máquinas, homens é que somos! (Chaplin).

Capítulo 37

QUEM NOS SALVARÁ DO SALVADOR?

Não há ideia mais obscura, perigosa, controvertida e irracional do que Deus. Tudo foi e é praticado em nome de Deus: conquistar territórios, criar e extinguir estados e religiões, declarar a guerra e a paz, amar e odiar, escravizar e libertar.

Desde sempre houve quem combatesse em nome de Deus. Não surpreende que grupos terroristas apelem a Deus como fundamento para suas ações. O mesmo argumento foi usado nas guerras religiosas, no extermínio dos cátaros, na noite de São Bartolomeu, nas cruzadas e na inquisição.

Desde que foi criado o substantivo DEUS, a humanidade não se cansa de conjugar o verbo MATAR. Se Deus existe, tudo está permitido. Ou proibido.

Queiramos ou não, tudo é legitimável – logo, também deslegitimável – em nome de Deus.

Deus serve para praticamente tudo: aceitar uma doença incurável, conformar-se com uma vida miserável e lutar por uma vida melhor, extorquir crentes ingênuos, converter almas, chacinar "infiéis".

Mas Deus não é fiel ou infiel, justo ou injusto, bom ou mau, pio ou ímpio, moral ou imoral. Fidelidade, justiça, bondade, piedade, moralidade são conceitos humanos, criados segundo os nossos interesses. Como atributos humanos variam no tempo e no espaço e não têm valor absoluto, mas relativo, perspectivo.

Ou bem reconhecemos que Deus não existe ou bem aceitamos que Ele – ou eles – existe, mas que nada pode ser dito – e feito – sobre Ele, contra ou favor. Em suma, Deus nada tem a ver com as nossas ações, boas ou más, que tudo fazemos por nós. Deus e o diabo são inocentes, mas não quem os invoca.

Mas Deus é um argumento poderosíssimo; e, quando mais desesperados e miseráveis são os povos e indivíduos, mais forte é o argumento divino. Não por acaso vítimas e algozes clamam pelo mesmo Deus: compartilham do mesmo desespero.

Quem nos salvará do Salvador? Como argumentar contra alguém que pratica o terror em nome de Deus? O que dizer para o adepto de uma seita que adere ao suicídio coletivo como seu *juízo final*?

Inútil será tentar demonstrar que nunca houve Adão e Eva ou uma torre de Babel que deu origem a todos os idiomas que conhecemos, que Deus jamais falou com Balaão por meio de um jumento, que Josué não fez o sol parar, a não ser metaforicamente. Será inútil dizer que tudo isso são fábulas, algumas incrivelmente infantis. Será inútil notar que religião é mitologia com outro nome. Que toda nova religião é um plágio de outra mais antiga, adaptada a uma nova realidade social.

Credo quia absurdum? Não é fácil dissuadir o louco de sua loucura.

Capítulo 38

SE FÔSSEMOS UM PAÍS SÉRIO

Se fôssemos um país sério, investigar, acusar e julgar figurões da política seria algo absolutamente normal;

Se fôssemos um país sério, as próprias casas legislativas cumpririam seu papel constitucional de apurar as denúncias e julgá-las prontamente, isentamente, justamente;

Se fôssemos um país sério, a política não seria um caso de polícia;

Se fôssemos um país sério, investigar criminosos poderosos não seria uma exceção, nem exclusividade da polícia federal e do ministério público federal, mas parte da rotina das polícias civis, dos ministérios públicos dos estados e de todos os órgãos que investigam;

Se fôssemos um país sério, os órgãos de investigação, notadamente as polícias, atuariam com absoluta autonomia relativamente aos investigados;

Se fôssemos um país sério, a política não seria *habitat* de aventureiros e criminosos;

Se fôssemos um país sério, a política atrairia os melhores profissionais de suas respectivas áreas de atuação;

Se fôssemos um país sério, não toleraríamos chantagens de criminosos do poder;

Se fôssemos um país sério, não seríamos vítimas de nossas próprias escolhas eleitorais;

Se fôssemos um país sério, teríamos instituições sérias, que não contenderiam entre si, porque atuariam em conjunto e coordenadamente;

Se fôssemos um país sério, não teríamos tribunais de faz de conta;

Se fôssemos um país sério, não esperaríamos que os outros (pessoas, órgãos e instituições) resolvessem nossos próprios problemas;

Se fôssemos um país sério, seríamos um povo sério e faríamos nossa própria revolução, diariamente, permanentemente, começando por nós mesmos.

Porque nós somos o povo, nós somos o estado, nós somos a lei, nós somos o poder político, nós somos a constituição!

Capítulo 39

COLABORAÇÃO PREMIADA E MORAL

> "Todos os meios pelos quais, até hoje, quis-se tornar moral a humanidade foram fundamentalmente imorais."
>
> Nietzsche. Crepúsculo dos ídolos.[1]

Como é sabido, há quem considere a colaboração premiada imoral; logo, incompatível com o ordenamento jurídico, seja porque premiaria um traidor, seja porque estimularia uma conduta eticamente reprovável.

O equívoco é manifesto.

Com efeito, a colaboração premiada não é outra coisa senão uma confissão, embora com outro nome e com uma disciplina jurídico-penal própria, especial. E a confissão é tão legítima quanto qualquer outro meio de prova. Afinal, o investigado ou acusado, no exercício da ampla defesa, tem o direito de confessar – ou não confessar – o delito, com todas as suas circunstâncias, mencionando coautores e participes do crime, inclusive. O que não seria possível, moral ou juridicamente, é coagir o réu a confessar um crime ou proibi-lo de livremente confessá-lo.

Além disso, não existe um sistema moral universal/objetivo que valha para além da história e dos indivíduos concretamente considerados. Como disse Nietzsche, não existem fenômenos morais, mas apenas uma interpretação moral dos fenômenos (*Além do bem e do mal*, aforismo 108). A distinção entre moral e direito – são palavras de Kelsen – não pode ser encontrada *naquilo* que as duas ordens sociais prescrevem ou proíbem, mas no *como* elas prescrevem ou proíbem

---
1. São Paulo: Companhia das Letras, 2006, p. 53.

uma determinada conduta humana.² A distinção entre ordem jurídica e moral tem a ver, portanto, não com o conteúdo, mas com a forma.

Justo por isso, se, da perspectiva dos criminosos, há (ou não) uma traição por parte do delator, o mesmo já não ocorre do ponto de vista do Estado, que vê na sua iniciativa uma legítima colaboração no sentido de prevenir e reprimir crimes. De mais a mais, a "ética do crime" é um problema *de* e *entre* criminosos, não um problema do Estado.

Mesmo em relação à "ética do crime", o delator não é, ou não é forçosamente, um traidor, sobretudo quando estiver sofrendo ameaças e o "dever de lealdade e silêncio" (*omertà*) lhe for prejudicial. Por vezes, delatar comparsas é necessário e exige coragem.

Não bastasse isso, de acordo com a moral dominante, o indivíduo tem o dever de dizer a verdade, tanto que a lei, que o obriga a isso (art. 4°, §14, da Lei 12.850/2013), criminaliza a colaboração caluniosa (art. 19 da Lei).

Ademais, direito e moral não de confundem, nem o direito é necessariamente moral, afinal nem tudo que é lícito é honesto/moral (Paulo – *Digesto*). Exatamente por isso, o ordenamento jurídico é pleno de institutos questionáveis do ponto de vista moral que nem por isso são ilegítimos, a exemplo da pena de morte, do aborto legal, do agente infiltrado, da tributação de atividades ilícitas (*pecunia non olet*) etc.. Em suma, a eventual imoralidade de um instituto jurídico não lhe afeta a juridicidade.

Finalmente, testemunhas e informantes também *delatam*, e nem por isso as criticamos moralmente.

Por último, as finalidades legais da delação (prevenir novos crimes, localizar vítimas, identificar coautores, recuperar o produto do crime etc.) são justas, morais e legítimas, a justificá-la plenamente. Como se vê, é possível, inclusive, colaboração sem delação de comparsas de crime (só recuperar ativos etc.). A atual colaboração não exige, portanto, inevitavelmente, delação.

Mais: premiar – ou não – a colaboração, e como fazê-lo, é uma opção político-criminal legítima.

---

2. KELSEN, Hans. *Teoria Pura do Direito*. Tradução: João Baptista Machado. Martins Fontes: São Paulo, 2003, p. 71.

Em suma, dizer-se que o delator é um traidor, ou que o é necessariamente, é um clichê, um simples preconceito moral, que não compromete, absolutamente, a legitimidade da colaboração.

Como é óbvio, advogar a moralidade e a juridicidade da colaboração premiada não significa ignorar ou legitimar possíveis abusos na sua aplicação, problema diverso e passível de ocorrer com qualquer instituto jurídico.

Capítulo 40

NORMALIZAÇÃO DA CRUELDADE

Normalizar a crueldade (a violência, o crime etc.) significa torná-la normal, naturalizá-la, não perceber a crueldade como crueldade, a violência como violência e o crime como crime. Trata-se, essencialmente, de um discurso e de uma prática do poder, de uma retórica de legitimação de atos de violência, do uso e do abuso de um tipo de linguagem aparentemente neutra ou inocente. É uma cultura ou uma das possíveis formas da cultura.

Graças à normalização, vemos um relato de crueldades, como a bíblia, por exemplo, como a suposta expressão da palavra de deus, e não como produto da megalomania humana; logo, um texto humano, demasiado humano, escrito pelo homem e para o homem. Também por isso, somos incapazes de perceber o quanto nela há de misógino, homofóbico etc.

Graças a ela (a normalização), foram possíveis as guerras religiosas, as cruzadas, a inquisição, o massacre dos cátaros e valdenses, a noite de São Bartolomeu.

Graças a ela, foram e são possíveis os sacrifícios religiosos de pessoas e animais. E os atuais mercadões da fé podem livremente manipular e extorquir fiéis incautos até o último centavo.

Graças a ela, a escravidão, e toda sorte de violência que implicava, pôde subsistir por milênios. E nunca de todo abolida, continua a existir, embora com outros nomes sutis ou técnicos.

Graças a ela, mulheres foram tornadas incapazes, homossexuais, prostitutas e outros tantos foram considerados párias sociais;

Graças a ela, assistimos, indiferentes, a crianças e urubus disputarem alimento nos lixões;

Graças a ela, deputados, prefeitos, vereadores podem pilhar sem problema algum de consciência;

Graças a ela, foram possíveis o holocausto nazista, os campos de concentração, os *gulags*, os genocídios. E assim um *hutu* poderia, em Ruanda, matar um vizinho apenas por ele ser um *tutsi*. E o preso A pode decapitar o preso B apenas porque são de facções diferentes, ainda que um nada tenha contra o outro.

Graças a ela, achamos absurdo falar de direitos humanos para criminosos e julgamos justas as execuções sumárias diárias, um tipo de genocídio em marcha contra os socialmente excluídos. E policiais jovens, pardos ou negros e pobres podem se orgulhar de torturar e matar jovens pardos ou negros e pobres, igualmente excluídos.

Graças a ela, somos indiferentes à superlotação, à desumanidade das prisões e à sistemática violação dos direitos dos presos. E os recentes massacres só nos preocupam na medida em que nos ameaçam.

Graças a ela, abatemos animais e nos deliciamos com sua carne; visitamos açougues sem notar o cheiro de carne podre que nele exala; e achamos justo castrar nossos animaizinhos de estimação, para "seu próprio bem".

Graças a ela, nos divertíamos contando e ouvindo piadas racistas; e praticávamos *bullying* sem nos importar com o seu caráter ofensivo;

Graças a ela, adotamos o estilo de vida (colonial), a língua e os deuses de quem nos violentou. E pastores (obtusos) podem orgulhosamente profanar a religião de seus ancestrais. A normalização imbeciliza.

Graças a ela, são legitimadas as guerras, o extermínio dos povos vencidos, a anexação de estados e o estupro massivo de prisioneiros de guerra.

Como é possível a normalização ou a naturalização da crueldade? Criando um discurso de ódio, de desumanização e de anulação do outro, propagando a necessidade e a inevitabilidade da violência, quer atribuindo atos graves, desonrosos, heréticos, criminosos etc., quer imputando modos de ser incompatíveis com a condição e o tratamento de pessoa humana. É preciso, pois, naturalizar a maldade, legitimá-la.

Como é possível preveni-la ou evitá-la? Criando os discursos opostos, de tolerância, de priorização absoluta do diálogo, de reconhecimento do outro como pessoa humana mesmo nas condições mais adversas, sejam quais forem seus atos ou delitos, assegurando-lhe o direito ao devido processo legal, cumprindo a lei, buscando acolhê-lo, compreendê-lo e, se possível, perdoá-lo.

E enfrentar e resolver os problemas a partir das causas, e não tardiamente, a partir das consequências. Perceber que todo grave problema, antes de ser individual, é social, e como tal, exige intervenções sociais, sistêmicas.

Capítulo 41

AFORISMOS

1) Existem dois tipos de autor: os que têm e os que não têm o que dizer. Encontrar os que têm o que dizer é trabalho de garimpeiro; e, pois, exige árdua pesquisa.

2) Um bom livro não depende tanto da qualidade nem da quantidade de textos e autores citados, mas de como os utiliza.

3) O modo como se conta uma história é mais importante do que a história mesma. O mesmo vale para música etc.

4) Com a idade o que ganhamos em experiência perdemos em criatividade.

5) Trecho de um depoimento judicial: "Ele é um homem extremamente generoso, honesto, excelente pai, filho e esposo" – disse a testemunha a propósito de um criminoso reincidente. E não mentia.

6) A vida é mais fácil quando se é superficial.

7) Nenhuma virtude é louvável em si mesma; nenhum vício ou pecado é em si mesmo condenável; tudo depende de como lidamos com isso.

8) Amar é encontrar a si mesmo no outro.

9) Pessoas que amam são pessoas perigosas.

10) Não existem ações absolutamente desinteressadas; desejamos, ao menos, um mínimo de gratidão.

11) A monogamia é uma violência.

12) Disse o amante: "te amo, te amo, te amo, *incondicionalmente*; e completou: "claro, desde que continues assim".

13) Conhecimento produz angústia; por isso preferimos, não raro, a ignorância.

14) "Promete ser fiel e amá-lo para todo o sempre, na riqueza, na pobreza, na doença?", "Não, padre; tenho horror à mentira", disse a noiva.

15) O amor tudo perdoa; a traição, inclusive.

16) O preconceito, como a ingratidão, é um déficit de afetividade.

17) Devemos amar (ou odiar) as pessoas honestamente, isto é, como elas são, não como gostaríamos que elas fossem.

18) "Eu só quero a paz, a justiça e um mundo sem violência!", gritou o terrorista antes de detonar a bomba.

19) E como o leão, capturado em plena selva, era bravo, para domesticá-lo, arrancaram-lhe os dentes e unhas; e o acorrentaram e o torturaram; e assim o animal se tornou *bom* e *manso*. Os penalistas chamam isso de *ressocialização*.

20) "Somos todos iguais", diz a lei; "Não! Mil vezes não!", protesta a natureza.

21) Existem mil formas de trair alguém; o sexo não é a única nem a mais importante.

22) Justiça e vingança designam o mesmo sentimento.

23) O contrário da vingança não é a justiça, mas o perdão.

24) Definição de filósofo: a mais presunçosa criatura humana, pois pretende tudo reduzir a conceitos: verdade, vontade, representação, ser, substância, mônada, espírito absoluto etc.

25) Filósofos são, em geral, maus escritores.

26) Tudo que os homens dizem sobre os deuses, a favor ou contra, é arbitrário e inevitavelmente antropomórfico.

27) Se existissem deuses, a crença divina não seria uma alternativa, mas uma necessidade, como o batimento cardíaco ou a respiração.

28) Não existem fenômenos religiosos, mas apenas uma interpretação religiosa dos fenômenos (Nietzsche revisto).

29) Um chimpanzé me confidenciou que seus deuses têm a forma de chimpanzés e são incrivelmente poderosos. O mesmo foi-me dito por um babuíno, um cão e um gato.

30) Um *porco* me confessou que tinha horror à religião humana, pois sempre fora tratado como um *cachorro*.

31) "Foi Deus que, na sua infinita misericórdia, me salvou desse terrível acidente", disse o primeiro sobrevivente; "seria muita pretensão da minha parte que Deus, para me salvar, tivesse de sacrificar tanta gente inocente", retrucou o segundo.

32) *Falar* com Deus é a expressão máxima de vaidade.

33) Religião é mitologia do presente; mitologia é religião do passado.

34) Quão deprimente é ver um pastor afrodescendente profanar as religiões africanas!

35) Religiosidade (ou sua ausência), por si só, não faz ninguém melhor nem pior.

36) "Porque fomos criados à imagem e semelhança de Deus", disse o homem; "quanta presunção!", sibilou a serpente.

37) Disse um cristão: "só há um Deus: Jesus Cristo!"; ao que um muçulmano retrucou: "realmente só há um Deus; mas esse Deus é Alah, e Maomé é seu profeta!"; enquanto um judeu pensava consigo mesmo: "nosso Deus é mais antigo". E todos tinham e não tinham razão.

38) A fé em Deus prova a fé mesma, não a existência de Deus. E ainda que a fé provasse a existência de Deus, restaria a pergunta: qual Deus (ou Deuses)?

39) Um anjo me confidenciou que, depois de condenado, Lúcifer, arrependido, invocou Mateus 18:22 - em que Jesus diz a Pedro que não se deve perdoar sete vezes, mas setenta vezes sete - e que Deus o perdoara. O perdão, no entanto, foi desde então mantido em segredo, pois, sem o Diabo, ninguém O levaria a sério. Além do mais, uma boa fábula não tem a menor graça sem um vilão digno desse nome. O mesmo teria ocorrido com Adão e Eva.

40) Frequentemente, o "amar o próximo como a ti mesmo" não inclui as pessoas muito próximas, sobretudo quando não compartilham do mesmo credo.

41) A isenção do juiz, quer dizer, equidistância relativamente às partes, mais do que uma exigência de justiça, é uma questão de saúde mental.

42) Quem *adora* a Deus, *adora*, em verdade, a si mesmo.

43) A religiosidade emburrece; o fanatismo embrutece.

44) Quem nos salvará da santidade dos santos? (Freud revisto)

45) Convém confiar e desconfiar de tudo, sobretudo de nós mesmos.

46) O homem verdadeiramente honesto o é por puro orgulho.

47) Eis uma sentença sapientíssima: o homem é a medida de todas as coisas que são e não são (Protágoras de Abdera).

48) Um homem absolutamente sincero é absolutamente insuportável.

49) Não se ama o dinheiro pelo que ele é, mas pelo que se pode obter por meio dele. Talvez isso valha para tudo que nos diz respeito.

50) A interpretação é uma fotografia da alma do intérprete.

51) O sentido das coisas (textos, fatos, provas etc.) não é dado pelas próprias coisas, mas por nós, ao atribuirmos um dado sentido num universo de possibilidades, aí incluída a falta de sentido, inclusive.

52) A interpretação é o ser do direito; e o ser do direito é um devir.

53) O que quer que possa ser pensado, por quem quer que possa ser pensado, como quer que seja pensado, sempre poderá ser pensado de diversas outras formas, e, pois, conduzir a resultados também diversos.

54) Os limites da interpretação são dados por uma outra interpretação.

55) Quem é fiel a si mesmo não trai a ninguém, nem cria falsas expectativas nem ilusões (Hamlet revisto).

56) O fundamento último de todo fundamento carece de fundamento.

57) Só devemos romper o silêncio com algo melhor que ele; se e quando houver.

58) A citação deve ter um duplo sentido: valorizar o que se diz e valorizar a citação mesma.

59) A única ou *a* resposta correta é a versão jurídico-filosófica do monoteísmo.

60) Quem, à semelhança de Narciso, advoga semelhante ficção (a única resposta correta) oculta o essencial: "eu sou a resposta correta".

61) Em geral superdimensionamos o consciente e o dito quando o mais importante parece ocultar-se, caprichosamente, no inconsciente e no não dito.

62) O problema não está, em princípio, na religião ou sua falta, mas no modo como lidamos com a sua presença ou ausência.

63) No fundo, todo conhecimento humano – e não só a religião – é uma ficção, útil e necessária a uma determinada espécie – o homem (Nietzsche revisto).

64) Se Deuses existem, certamente eles nada têm a ver com o textos (humanos) supostamente sagrados.

65) Para o crente, a questão sobre se Deus existe (ou não) é, no fundo, um problema menor, irrelevante. O que de fato importa é o quanto de bem-estar, segurança, paz etc., a ideia de Deus implica. Talvez o mesmo valha, *mutatis mutandis*, para todo o conhecimento humano e o quanto de verdade ele encerra.

66) *Sobre a homofobia*. Por que nos incomodar com o reconhecimento de direitos que não nos trazem prejuízo algum, mas, ao contrário, implicam a inclusão do outro? Por que nos arrogar advogados de Deus, se Ele, que é onipotente, onipresente e onisciente, não precisa de nós, embora precisemos (?) Dele? O que quer que os homens falem sobre Deus, a favor ou contra, é de si mesmo que falam (Nietzsche). Por que não somos minimamente honestos e reconhecemos que, a pretexto de atuar em nome de Deus, agimos, em verdade, em favor dos nossos próprios - e nada divinos - interesses?

67) Assim como o ateu não pode pretender impor seu ateísmo a alguém, tampouco pode fazê-lo o crente, relativamente ao seu credo.

68) Todo conhecimento é ficção e perspectiva, mesmo quando, pretendendo superá-las, acreditamos que não o são.

69) Apesar de não existir um direito a-histórico, atemporal, existem pessoas que se pretendem a-históricas e atemporais, isto é, de tal modo conservadoras ou reacionárias que estão em permanente conflito com os valores de seu tempo.

70) Arrepender-se de algo é raro; mais frequentemente lamentamos um desfecho contrário às nossas expectativas.

71) Um inimigo declarado é mil vezes preferível a um amigo dissimulado.

72) Quem tem poder cria o direito; quem não o tem o sofre.

73) Só é direito o que o poder reconhece como tal.

74) Por mais que consideremos a religião uma fabulação infantil, é imperioso respeitá-la, por amor e respeito às crianças, inclusive.

75) A história já nos mostrou o bastante sobre quão diabólicas podem ser as pessoas sempre que se julgam agir em nome de Deus.

76) Os juristas não amam a legalidade, nem odeiam a ilegalidade, mas o que podem obter por meio da lei (Nietzsche revisto).

77) Todo antirrelativismo, a pretexto de combater o relativismo, oculta-o; o antirrelativismo é, por conseguinte, uma forma dissimulada de relativismo.

78) Raramente temos disposição para repensar nossas opiniões; em geral nos armamos como soldados raivosos em defesa de nossas convicções, por mais absurdas.

79) É próprio de quem é superficial pensar as coisas em termos de preto e branco; mas mesmo o preto e o branco admitem mil variações.

80) A verdade, como as cores, admite mil variações.

81) As teorias existem e são criadas para servir ao homem, e não contrário; se já não nos servem, devemos substituí-las.

82) Uma boa teoria não é, ou não é necessariamente, aquela que oferece a melhor sistematização, mas a que conduz a uma resposta justa do caso concreto.

83) Para entender bem um autor, é preciso estar próximo dele ou parecer-se com ele, quer dizer, incomodar-se com o que o incomoda, odiar o que ele odeia, amar o que ele ama, e, principalmente, ser tão profundo ou tão superficial quanto ele.

84) Um bom livro é essencialmente aquele que contém o que procuramos, ainda quando não sabemos exatamente o que.

85) Querer agradar pode ser uma forma sútil de corromper-se ou de fazer corromper.

86) Deuses e demônios nascem e morrem com as civilizações que os produzem.

87) Não amamos algo por ser verdadeiro, mas por aumentar o nosso sentimento de poder.

88) Quando não se é capaz de amar pessoas e seres reais, é preciso inventá-los.

89) No fundo, nada fazemos pelos outros; tudo de bom e de ruim que fazemos, fazemos por nós mesmos.

90) Ainda que pudéssemos assumir ora a forma de uma barata, ora de polvo, ora de serpente, ora de leão, ora de planta ou de qualquer outra espécie, nem assim esgotaríamos as possibilidades de conhecer.

91) Conhecer é combater, é se dispor, permanentemente, a começar do ponto zero.

92) Em política não há limite para conchavos.

93) Eticizar a política é uma ilusão necessária.

94) A popularidade exige muitas concessões, frequentemente espúrias.

95) Disse-me uma coruja: sacrificar-se pela humanidade, essa espécie cruel e desprezível, é uma grande tolice.

96) A grande maioria nasceu para seguir o rebanho; e uns poucos para tocá-lo.

97) Queiramos ou não, e ainda que em caráter de exceção, quase tudo é, em tese, legitimável – logo, também deslegitimável – por meio do direito. O que é verdadeiramente trágico é saber quando e sob que condições isso possível.

98) Ainda que o próprio Deus ditasse as leis, ainda que os juízes fossem santos, ainda que promotores, defensores e policiais formassem um exército de querubins, ainda assim a justiça e o direito seriam desiguais.

99) O direito é uma das mil faces do poder.

100) Eis uma sentença sapientíssima: "Nós introduzimos nossos valores nas coisas por meio da interpretação" (Nietzsche).

101) A fé é um refúgio do pessimismo.

102) O milagre da fé/dos judeus: como um povo nômade, pequeno, frágil, pôde produzir mitos tão poderosos?

103) Verdade e mentira são igualmente necessárias à vida. Se preferimos a primeira à segunda, é porque em geral a verdade é mais fácil, nos é socialmente imposta e, pois, temos mais a ganhar com ela do que com a mentira. Casos há, porém, em que mentir não só é necessário como recomendável.

104) Falar, agir ou reinar em nome de Deus sempre foi a maior das pretensões humanas.

105) Um juízo ou tribunal que se limite a carimbar, servilmente, decisões de outro tribunal não tem porque existir.

106) Saber lidar com uma religião (política etc.) é mais importante do que a religião mesma.

107) Uma boa religião há de ensinar a viver, amar e morrer saudavelmente. O mais é excesso.

108) Nesse mundo plural, complexo e multifacetado, que tentamos reduzir à nossa pobre cosmovisão, cabem todos: sábios e ignorantes, trabalhadores e vagabundos, senhores e escravos, médicos e curandeiros, pastores e feiticeiros, damas e prostitutas, crentes e ateus, moralistas e libertinos, fanáticos e criminosos. Toleremos e fomentemos, pois, a liberdade, ao invés de manietá-la. O mundo será melhor se o ponto de vista do outro divergir do nosso, e não o contrário. Evitemos o mau gosto de querer que nossas opiniões sejam aceitas pelos outros (Nietzsche).

109) Desde que foi criado o substantivo DEUS, a humanidade não se cansa de conjugar o verbo MATAR.

110) Covardes não fazem história; fazem número.

111) Toda obra é, em última análise, autobiográfica.

112) A vida é um brevíssimo intervalo entre o nascimento e a morte; convém, pois, aproveitá-la.

113) O homem é um animal curiosíssimo: quase nada sabe sobre si mesmo, mas é capaz de dar grandes lições sobre Deus.

114) É próprio de todo espírito conservador reagir a tudo que é novo e desejar a volta de uma passado que desconhece.

Capítulo 42

AFORISMOS NIETZSCHIANOS

Da origem das religiões. Como pode alguém perceber a própria opinião sobre as coisas como uma revelação? Este é o problema da origem das religiões: a cada vez havia um homem no qual esse fato foi possível. O pressuposto é que ele já acreditasse em revelações. Um dia ele tem, subitamente, o seu novo pensamento, e o regozijo de uma grande hipótese pessoal, que abrange o mundo e a existência, surge tão fortemente em sua consciência, que ele não ousa sentir-se criador de uma tal felicidade e atribuiu a seu Deus a causa dela, e também a causa da causa desse novo pensamento: como revelação desse Deus. Como poderia um homem ser autor de uma tal beatitude? – é o que reza a sua dúvida pessimista. E há outras alavancas agindo ocultamente: o indivíduo reforça uma opinião para si mesmo, por exemplo, a considerá-la uma revelação; ele apaga o hipotético, ele a subtrai à crítica, mesmo à dúvida, e torna-a sagrada. Assim nos rebaixamos a não mais do que órgão, é certo, mas nosso pensamento acaba por triunfar, como pensamento de Deus – esta sensação, de como isso permanecer enfim vitorioso, sobrepuja a sensação de rebaixamento. Também um outro sentimento atua nos bastidores: quando alguém eleva seu produto acima de si mesmo, aparentemente desconsiderando seu próprio valor, há nisso um júbilo de amor paterno e orgulho paterno, que tudo compensa e mais que compensa.

As palavras não passam de símbolos para as relações das coisas entre si e conosco.

Pelas palavras e pelos conceitos, nunca atravessaremos o muro das relações, nem penetraremos em qualquer origem fabulosa das coisas.

É absolutamente impossível ao sujeito pretender ver ou conhecer algo além de si mesmo.

O desprezo pelo presente e pelo momentâneo é parte integrante da grande natureza filosófica.

Heráclito era orgulhoso, e quando o orgulho entra num filósofo, então é um grande orgulho;

O homem é, até a última fibra, necessidade, é absolutamente não livre;

As próprias coisas que a inteligência limitada do homem e do animal julga sólidas e constantes não têm existência real, não passam de luzir ou do faiscar de espadas desembainhadas, são o brilho da vitória na luta das qualidades opostas;

Se existe um movimento absoluto, não há mais espaço; se existe o espaço absoluto, não há movimento; se há um ser absoluto, não há multiplicidade; se existe a multiplicidade absoluta, não há mais unidade;

Em todas as demonstrações que fazem (Parmênides e Zenão), partem do pressuposto indemonstrável, ou mesmo improvável, de possuirmos na faculdade conceptual o decisivo critério supremo acerca do ser e do não ser, isto é, acerca da realidade objetiva e do seu contrário;

Foi a mim mesmo que eu procurei e investiguei (Heráclito).

Verdade, portanto, não é algo que existisse e que se houvesse de encontrar, de descobrir – mas algo *que se há de criar* e que dá o nome a um *processo*;

"Verdade": no interior de minha maneira de pensar, essa palavra não designa necessariamente uma oposição ao erro, mas, sim, nos casos mais fundamentais, somente uma posição de diferentes erros;

Todo conhecimento humano é ou experiência ou matemática;

O critério da verdade está no incremento do sentimento de poder;

Parmênides disse: "não se pensa o que não é" – estamos na outra extremidade e dizemos: "o que pode ser pensado há de ser, seguramente, uma ficção";

Uma "coisa em si" é tão absurda quanto um "sentido em si", um "significado em si". Não há nenhum "fato em si", mas antes *um sentido há de sempre ser primeiramente intrometido para que um fato possa haver*;

Infinita possibilidade de interpretação do mundo: cada interpretação é um sintoma de crescimento ou de declínio;

Nós criamos o mundo que tem valor!

Não há nenhum fato; tudo é fluído, inconcebível, esquivo;

Afinal, o homem só reencontra, nas coisas, aquilo que ele mesmo fincou nelas: - o reencontrar chama-se ciência, o fincar – arte, religião, orgulho. Em ambos, se isso devesse ser mesmo brincadeira de criança, dever-se-ia continuar a ter bom ânimo para os dois – uns para o reencontrar, outros – nós todos! – para o fincar!

Imprimir no devir o caráter de ser – essa é a *mais elevada vontade de poder*;

Conhecimento em si no devir é impossível; é, portanto, possível conhecimento? Como erro sobre si mesmo, como vontade de poder, como vontade de ilusão;

Verdade é o tipo de erro sem o qual uma espécie de seres vivos não poderia viver. O valor para a vida decide em última instância;

O não poder contradizer prova uma incapacidade, não uma "verdade".

Ceticismo absoluto: necessidade de arte e ilusão.

Todo conhecimento surge por meio de separação, delimitação e abreviação; não há conhecimento absoluto de uma totalidade;

O imenso consenso dos homens acerca das coisas comprova a uniformidade de seu aparato perceptivo;

As abstrações são metonímias, isto é, permutações de causa e efeito. Mas todo conceito é uma metonímia, sendo que, nos conceitos, o conhecer termina por se antecipar. A "verdade" converte-se num poder, assim que a liberamos como abstração;

Por "verdadeiro" compreende-se, antes de mais nada, aquilo que usualmente consiste na metáfora habitual – portanto, somente uma ilusão que se tornou familiar por meio do uso frequente e que já não é mais sentida como ilusão: metáfora esquecida, isto é, uma metáfora da qual se esqueceu que é uma metáfora;

Metáfora significa tratar como *igual* algo que, num dado ponto, foi reconhecido como *semelhante*;

De onde vem, no inteiro universo, o *phatos da verdade*? Ele não aspira à verdade, mas à crença, à confiança em algo;

Não há um impulso ao conhecimento e à verdade, mas tão-somente um impulso à crença na verdade;

O que é uma palavra? A reprodução de um estímulo nervoso em sons;

O ser sensível precisa da ilusão para viver;

Lutar por *uma verdade* é totalmente distinto de lutar *pela* verdade;

O homem é um animal extremamente patético e toma suas propriedades por algo de suma importância, como se os eixos do universo girassem nele;

O conhecer é tão-somente um operar com as metáforas prediletas, e, a ser assim, nada mais que uma imitação do imitar sensível;

Em rigor, todo conhecer possui apenas a forma da tautologia e é *vazio*. Todo conhecimento por nós promovido consiste numa identificação do não idêntico, do semelhante, quer dizer, trata-se de algo essencialmente ilógico.

O que é, pois, a verdade? Um exército móvel de metáforas, metonímias, antropomorfismos, numa palavra, uma soma de relações humanas que foram realçadas poética e retoricamente, transpostas e adornadas, e que, após uma longa utilização, parecem a um povo consolidadas, canônicas e obrigatórias: as verdades são ilusões das quais se esqueceu que elas assim o são, metáforas que se tornaram desgastadas e sem força sensível, moedas que perderam seu troquel e agora são levadas em conta apenas como metal, e não como moedas.

Que todos os "fins", "metas", "sentidos" são só modos de expressão e metamorfoses da única vontade, que é inerente a todo acontecer: a vontade de poder;

Prazer e dor não são inversos em nada;

Não há dor em si. Não é o ferimento que dói; é a experiência das más consequências que pode ter um ferimento para o todo do organismo, que se pronuncia na figura daquele abalo profundo, o qual se chama desprazer;

Prazer e desprazer são coisas secundárias, não são causas; são juízos de valor de segunda classe;

O homem não procura prazer e não evita o desprazer; prazer e desprazer são meras consequências; cada vitória, cada sentimento de prazer, cada acontecer pressupõe uma resistência superada;

A vida mesma não é nenhum meio para algo; ela é a expressão de formas de crescimento de poder;

Valor é a suprema quantidade de poder que o homem consegue incorporar a si;

Os meios de expressão da língua são inutilizáveis para exprimir o devir: pertence à nossa indissolúvel necessidade de conservação estabelecer constantemente o único modo grosseiro do que permanece;

O Estado ou a imoralidade organizada [...] interior: como polícia, direito penal, classes sociais, comércio, família; exterior: como vontade de poder, de guerra, de conquista, de vingança;

[...] E resistimos à representação de que *todos os grandes homens foram criminosos* (criminoso em grande estilo, bem entendido, e não em estilo mesquinho), de que o crime pertence à grandeza;

O crime pertence ao conceito "rebelião contra a ordem social";

Mas não se deve manifestar desprezo com a punição: o criminoso é, em todo caso, um homem que arriscou a vida, a honra, a liberdade – um homem de coragem;

Deve-se guardar de determinar o valor de um homem por uma única ação;

Somente à medida que certos castigos foram ligados a homens desprezíveis (escravos, por exemplo) é que o insultante adentrou a penalidade. Aqueles que, na maioria das vezes, foram castigados eram homens desprezíveis, e, por fim, já no próprio castigo havia algo insultante;

Um velho chinês disse ter ouvido que um sinal manifesto de que os impérios devem sucumbir é o fato de possuírem muitas leis.

O pensar racional é um interpretar segundo um esquema que não podemos recusar;

O mundo aparece-nos como lógico porque nós, antes, o tornamos lógico; conhecimento e devir excluem-se;

Posto que tudo é devir, então o conhecimento só é possível tendo como fundamento a crença no ser;

O princípio (da contradição) não contém, portanto, nenhum critério de verdade, mas sim um imperativo sobre aquilo que deve valer como verdadeiro;

Kant acredita no fato do conhecimento: é uma ingenuidade o que ele quer: o conhecimento do conhecimento!

A legitimidade da crença no conhecimento é sempre pressuposta: assim como a legitimidade do sentimento do juízo de consciência;

Os princípios fundamentais da lógica, o princípio da identidade e da contradição, são conhecimentos absolutamente nenhuns! Mas sim artigos de fé reguladores!

Expresso moralmente: o mundo é falso. Mas, à medida que a moral, ela mesma, é um pedaço desse mundo, então a moral é falsa;

Todo acontecer, todo movimento, todo devir como um verificar-se de proporções de graus e de força, como luta;

"Verdade" é uma palavra para "vontade de poder";

A verdade é um preconceito moral.

"Toda verdade é simples" – Não é isso uma dupla mentira?

Como? O ser o humano é apenas um equívoco de Deus? Ou Deus apenas um equívoco do ser humano?

Da escola de guerra da vida – O que não me mata me fortalece.

Não cometamos covardia em relação a nossos atos. – Não os abandonemos depois de fazê-los. – É indecente o remorso!

O homem criou a mulher – mas de quê?, pergunta. De uma costela de seu Deus – de seu "ideal".

Desconfio de todos os sistematizadores e os evito. A vontade de sistema é uma falta de retidão.

A fórmula de minha felicidade: um sim, um não, uma linha reta, uma *meta*...

Juízos, juízos de valor acerca da vida, contra ou a favor, nunca podem ser verdadeiros, afinal; eles têm valor apenas como sintomas, são considerados apenas enquanto sintomas - em si, tais juízos são bobagens.

Sócrates foi um mal-entendido: toda a moral do aperfeiçoamento, também a cristã, foi um mal-entendido.

Tudo o que os filósofos manejaram por milênios foram conceitos-múmias; nada realmente vivo saiu de suas mãos; eles matam, eles empalham quando adoram, esses idólatras de conceitos.

Receio que não nos livramos de Deus, pois ainda cremos na gramática.

Aniquilar as paixões e os desejos apenas para evitar sua estupidez e as desagradáveis consequências de sua estupidez, isso nos parece, hoje, uma forma aguda de estupidez.

Atacar as paixões pela raiz significa atacar a vida pela raiz: a prática da igreja e hostil à vida.

A vida acaba onde o "Reino de Deus" começa.

Onde quer que responsabilidades sejam buscadas, costuma ser o instinto de *querer julgar e punir* que aí se busca.

Os homens foram considerados *livres* para poderem ser julgados, ser punidos - ser culpados.

O cristianismo é uma metafísica do carrasco.

O conceito de "Deus" foi, até agora, a maior *objeção* à existência. Nós negamos Deus, nós negamos a responsabilidade em Deus: apenas assim redimimos o mundo.

Não existem fenômenos morais, mas apenas uma interpretação moral dos fenômenos. Moral é apenas uma interpretação de determinados fenômenos, mais precisamente uma má interpretação.

Todos os meios pelos quais, até hoje, quis-se tornar moral a humanidade foram fundamentalmente *imorais*.

Paga-se caro por chegar ao poder: o poder *imbeciliza*.

Teologia, ou corrupção da razão, pelo "pecado original" (o cristianismo).

O ser humano acredita que o mundo está repleto de beleza – ele *esquece* a si mesmo com causa dela. Somente ele dotou o mundo de beleza, de uma beleza muito humana, demasiado humana. No fundo, o ser humano se espalha nas coisas, acha belo tudo o que lhe devolve a sua imagem.

As instituições liberais deixam de ser liberais logo que são alcançadas: não há, depois, nada de tão radicalmente prejudicial à liberdade quanto as instituições liberais.

Platão é um covarde perante a realidade – portanto, refugia-se no ideal.

A igreja é exatamente aquilo contra o que Jesus pregou – e aquilo contra o que ele ensinou seus discípulos a lutar.

Deus nenhum morreu por nossos pecados; nenhuma redenção por meio da fé; nenhum ressuscitar após a morte – tudo isso são falsificações do cristianismo genuíno, pelas quais se deve responsabilizar aquele funesto cabeça arrevesada – Paulo.

EDITORA
jusPODIVM
www.editorajuspodivm.com.br